हाऊ टू ग्रो द मॉरल वे

नीति के पथ पर विकास

एडम स्मिथ
के विचारों की आधुनिक व्याख्या

अरुण तिवारी
सुरेश एन पटेल

अनुवाद : पारितोष बंगवाल

Sakal
Publications

Sakal Publications

How to Grow the Moral Way

नीति के पथ पर विकास

प्रथम आवृत्ती	:	अक्टूबर, २०२५
प्रकाशक	:	सकाळ मीडिया प्रा. लि. ५९५, बुधवार पेठ, पुणे ४११ ००२
अनुवाद	:	पारितोष बंगवाल
मुखपृष्ठ	:	पल्लवी व्यवहारे
पुस्तक रचना	:	MAP Systems, Bengaluru
मुद्रण	:	विकास प्रिंटिंग अ‍ॅण्ड कॅरिअर्स प्रा. लि. प्लॉट नं. ३२, एमआयडीसी, सातपूर, नाशिक
ISBN	:	978-93-49487-84-0
संपर्क	:	९८८१५ ९८८१५ / ८८८८८ ४९०५० sakalprakashan@esakal.com

धर्म एव हतो हन्ति धर्मो रक्षति रक्षितः।

जो धर्म को नष्ट करने का प्रयास करता है, तो धर्म नाशक को भी नष्ट कर देता है; और यदि धर्म रक्षा की जाए, तो वही धर्म रक्षक की रक्षा करता है।

— महाभारत (३. २१. ३१३. १२८)

"प्रकृति ने जब मनुष्य को समाज में रहने योग्य बनाया, तो उसमें यह सहज भावना डाल दी कि वह दूसरों को प्रसन्न करना चाहे और उन्हें आहत करने से डरे। और जब वह सोचता है कि लोग उसे किस दृष्टि से देखेंगे, तो यह विचार ही उसके अंतःकरण में भय और अचंभा भर देता है। यही अंतःवेदना, यही ग्लानि वे अदृश्य दूत हैं जो इस जीवन में ही अपराधियों का पीछा नहीं छोड़ते।"

— एडम स्मिथ, (दि थ्योरी ऑफ मॉरल सेंटिमेंट्स, III.II.६, ९)

प्रशंसापत्र

'How to Grow the Moral Way' आज के समय की अत्यंत प्रासंगिक कृति है। आज के समय में जब संपूर्ण विश्व भ्रष्टाचार, स्वार्थ और नैतिक पतन जैसी चुनौतियों से जूझ रहा है, तब यह पुस्तक हमें याद दिलाती है कि वास्तविक प्रगति केवल आर्थिक वृद्धि से नहीं, बल्कि नैतिकता और ईमानदारी से ही संभव है।

भ्रष्टाचार ने समाज के उस अनुबंध को तोड़ डाला है, जिसमें हर व्यक्ति अपने कर्तव्य को सर्वोपरि मानता था। जब नेता से लेकर सामान्य कर्मचारी तक निजी लाभ को प्राथमिकता देने लगते हैं, तो श्रम विभाजन की आत्मा नष्ट हो जाती है। परिणामस्वरूप असमानता, अन्याय और विश्वासघात जैसी समस्याएँ जन्म लेती हैं।

यह पुस्तक हमें उस दिशा में ले जाती है, जहाँ पारदर्शिता भ्रष्टाचार की जगह ले और स्वार्थ के स्थान पर जिम्मेदारी का भाव जागृत हो। इसीलिए यह हर उस व्यक्ति के लिए आवश्यक है, जो भ्रष्टाचार-मुक्त और नैतिक समाज का निर्माण चाहता है। स्मरणीय है कि जब भारतीय रिज़र्व बैंक के प्रथम भारतीय गवर्नर श्री सी. डी. देशमुख 11 नवम्बर 1944 को पुणे में दि ब्रुहन महाराष्ट्र कॉलेज ऑफ कॉमर्स के नामकरण समारोह में उपस्थित हुए थे, तब अपने भाषण में उन्होंने कहा था— "उच्च शिक्षा प्राप्त करने के साथ-साथ छात्रों को उच्च नैतिकता प्राप्त करना भी जरुरी है, अन्यथा उच्च शिक्षा को समाज में मान्यता नही मिलेगी, उन्होंने कहा कि उच्च शिक्षा और उच्च नैतिकताको साथ जोडा गया तो अपने देश के नागरिक ज्ञान और सामाजिक कर्तव्य की भावना विकसित करने में सफल होंगे, नैतिकता ही हमारी उच्च शिक्षा का संरक्षक अंग है | उसका अंगिकार करने से आपका व्यक्तित्व चमक उठेगा और आपको हर काम में यश मिलेगा, उन्होंने 'राजकारण' को नैतिक मूल्यों का हनन करनेवाला क्षेत्र बताया। जिस प्रकार उनका यह उद्बोधन उस समय की पीढ़ी पर अमिट छाप छोड़ गया था, आज के समय में यह पुस्तक भी उसी प्रकार की गहरी छाप छोड़ती है।

पुस्तक के पाँचवें अध्याय में श्रम विभाजन को नैतिक दृष्टि से प्रस्तुत किया गया है। लेखक बताते हैं कि श्रम विभाजन केवल धन अर्जन का साधन नहीं, बल्कि जीवन को सार्थक बनाने का पथ है। यदि प्रत्येक व्यक्ति अपने कार्य को ईमानदारी और समाजहित के साथ निभाए, तो न केवल व्यक्तिगत प्रगति होगी, बल्कि सामाजिक असमानताएँ भी घटेंगी। वास्तविक उद्देश्य दक्षता बढ़ाने तक सीमित नहीं है, बल्कि सहयोग और सामूहिक कल्याण की भावना जगाना है। इससे यही निष्कर्ष निकलता है कि श्रम विभाजन केवल आर्थिक उत्पादन का उपकरण नहीं, बल्कि मानवीय जीवन का नैतिक और सामाजिक आधार है।

लेखकों डॉ. अरुण तिवारी और श्री सुरेश एन. पटेल ने जिस गंभीरता, अध्ययनशीलता और स्पष्ट भाषा में इस पुस्तक की रचना की है, वह अनुकरणीय है। उन्होंने यह सिद्ध किया है कि प्रतिस्पर्धात्मक और भौतिकतावादी युग में भी स्थायी सफलता और समाज की दीर्घकालिक प्रगति केवल नैतिक मूल्यों पर आधारित हो सकती है।

यह पुस्तक हमें सिखाती है कि जीवन का सच्चा अर्थ केवल आर्थिक सम्पन्नता में नहीं, बल्कि सत्यनिष्ठा, ईमानदारी, कर्तव्यपरायणता और सामाजिक उत्तरदायित्व में छिपा है। यही विचार न केवल विद्यार्थियों के लिए, बल्कि हर पेशेवर, उद्यमी और समाजसेवी के लिए मार्गदर्शक सिद्ध हो सकते हैं।

आज भारत एक युवा राष्ट्र के रूप में पहचाना जाता है। औसत आयु 29 वर्ष होने के कारण हम विश्व की तीसरी सबसे बड़ी अर्थव्यवस्था बनने का सपना देख रहे हैं। हमारी यह अमृत पीढ़ी हमारे सभी लक्ष्यों को पूरा करने के लिए प्रतिबद्ध भी है और सामर्थ्यवान भी। इसलिए मैं इस विश्वास को दृढ़ता से व्यक्त करता हूँ कि इस परिस्थिति में यह पुस्तक युवाओं के लिए एक अमूल्य नैतिक धरोहर सिद्ध होगी।

– विद्याधर अनास्कर

सहकारी बैंकिंग के क्षेत्र में प्रख्यात विशेषज्ञ

पुणे.

सितंबर २०२५

ADAM
SMITH

एडम स्मिथ
एक विचारक जो समय से आगे चला

एडम स्मिथ एक ऐसा नाम है, जिन्होंने न केवल आर्थिक सोच की दिशा बदली, बल्कि यह भी बताया कि नैतिकता और बाज़ार एक-दूसरे से जुदा नहीं, बल्कि गहराई से जुड़े हुए हैं। १७२३ में जब स्मिथ का जन्म हुआ तब इनके पिता का निधन हो चुका था, इसलिए इनकी परवरिश माँ के द्वारा की गई जिन्होंने उन्हें न केवल स्नेह दिया, बल्कि चिंतन की स्वतंत्रता भी दी। स्मिथ का जीवन एक संन्यासी की तरह बीता — उन्होंने विवाह नहीं किया, और जीवन भर एकान्त साधना करते रहे, जहाँ अध्ययन और लेखन ही उनका तप था। ग्लासगो विश्वविद्यालय और ऑक्सफ़र्ड में शिक्षा प्राप्त कर, वे शिक्षक तो बने, लेकिन केवल छात्रों के नहीं, युगबोध के भी।

उन्होंने दो कालजयी ग्रंथ रचे

- दि थ्योरी ऑफ मॉरल सेंटिमेंट्स (टीएमएस,१७५९)
- दि वेल्थ ऑफ नेशन्स (टीडब्ल्यूएन,१७७६)

पहला ग्रंथ एक ऐसे समाज की कल्पना करता है जहाँ मानव का अंतःकरण ही उसका सबसे बड़ा प्रहरी है। दूसरा ग्रंथ बाज़ार की स्वतंत्रता और श्रम की गरिमा की बात करता है। उन्होंने अपने अंतिम दिनों में पहले ग्रंथ के कुछ अंशों को फिर से लिखा — बीते दो दशकों के अनुभवों और बदलावों को आत्मसात कर। बाकी अधूरी पांडुलिपियाँ और निजी टिप्पणियाँ उन्होंने आग में जलवा दीं — शायद इसलिए कि विचार अधूरे न रह जाएँ, और सच्चाई अपूर्ण न बँचे। एडम स्मिथ, अपने समय में ही नहीं, बल्कि कालातीत सोच के ध्वजवाहक रहे। उन्होंने चेताया कि कोई भी विचारधारा इतनी सरल नहीं हो सकती कि उसे तैयार पैकेज की तरह समाज पर थोपा जा सके। उनकी दृष्टि में राजनीति, व्यापार, और

मानव-स्वभाव — तीनों इतनी जटिल शक्तियाँ थीं कि उन्हें समझने के लिए केवल नीतियाँ नहीं, संवेदना भी चाहिए।

वह बाज़ारवाद के आलोचक थे, विशेष रूप से तब, जब व्यापारिक वर्गों ने साधारण जनता को घटिया वस्तुएँ ऊँची कीमतों में थमाई और आज़ादी का गला दबाया। वे मानते थे कि जब सरकारें व्यापारियों के हित में झुकती हैं, तो समाज का संतुलन टूटता है। उनके विचारों ने क्लासिकल इकोनॉमिक्स की नींव रखी — एक ऐसी विचारधारा, जो उनके निधन के बाद उन्नीसवीं सदी में प्रमुखता से उभरी।

आज भी, एडम स्मिथ की विरासत बहस का विषय है —

- उदारवादी उन्हें मुक्त व्यापार का प्रवक्ता मानते हैं
- समाजवादी उन्हें पूंजीवाद की सीमाओं को पहचानने वाला चिंतक

पर स्मिथ तो बस सच लिखते रहे, जैसा उन्होंने देखा, वैसा कहा। उनका विश्वास था कि सत्य कभी पुराना नहीं होता, और शायद यही कारण है कि तीन शताब्दियाँ बीत जाने के बाद भी, उनका लेखन आज भी उतना ही प्रासंगिक है। एडम स्मिथ न केवल बाज़ार के अध्येता थे, बल्कि अंतःकरण के दार्शनिक भी थे। वे हमें सिखाते हैं कि अर्थव्यवस्था केवल मुद्रा का प्रवाह नहीं, बल्कि मानव मूल्य, न्याय, और सह-अस्तित्व का परिपाक है।

अनुक्रमणिका

प्रस्तावना

(के. वी. कामथ – अध्यक्ष, एनएबीएफआईडी एवं जियो फाइनेंशियल सर्विसेज़)

कुछ विचारक ऐसे होते हैं, जिनकी दृष्टि समय की धारा को मोड़ देती है — और एडम स्मिथ उन्हीं में से एक हैं। उनकी दो कालजयी कृतियाँ, दि थ्योरी ऑफ मॉरल सेंटिमेंट्स (टीएमएस) और दि वेल्थ ऑफ नेशन्स आज भी न केवल हमारी आर्थिक व्यवस्था को, बल्कि मानवीय व्यवहार की गहराइयों को समझने का आधार प्रदान करती हैं।

स्मिथ के विचार दार्शनिक थे, कभी-कभी अमूर्त भी लग सकते हैं, फिर भी, व्यवहार विज्ञान और व्यवहारिक अर्थशास्त्र के हालिया प्रयोगों को देखें तो यह उजागर होता है कि स्मिथ की दृष्टि कितनी दूरंदेशी थी और उनके सिद्धांत आज भी उतने ही सार्थक और प्रासंगिक हैं। उनकी विरासत कोई बीते युग की स्मृति नहीं, बल्कि आज की चुनौतियों और संभावनाओं के बीच एक जीवंत मार्गदर्शक है —जो हमें यह याद दिलाती है कि सच्ची समृद्धि केवल भौतिक संचय नहीं, बल्कि नैतिक उन्नयन, उद्देश्यपूर्ण जीवन और आत्मिक संतुलन का नाम है।

'How to Grow the Moral Way' एक ऐसी यात्रा है, जो एडम स्मिथ के नैतिक दर्शन को आर्थिक समृद्धि की गहराइयों से जोड़ती है। यह पुस्तक केवल वित्तीय सफलता की राह नहीं दिखाती, बल्कि एक ऐसे जीवन का प्रायोगिक मानचित्र प्रस्तुत करती है जो सत्य, निष्ठा और उद्देश्य की धुरी पर टिका हो। आज जब दुनिया नैतिक दुविधाओं और मूल्यहीन प्रलोभनों से जूझ रही है, यह पुस्तक एक अमूल्य 'नैतिक ध्रुवतारा' बनकर उभरती है, जो हमें आत्म-चिंतन और सच्चे मानवीय संबंधों की ओर ले जाती है। स्मिथ की "अदृश्य हाथ" की अवधारणा अब और भी प्रासंगिक हो गई है, विशेष रूप से कृत्रिम बुद्धिमत्ता (एआइ) के उदय और उसकी वैश्विक निगरानी की आवश्यकता के संदर्भ में।

पुस्तक का अध्याय ८, जो वैश्विक आपूर्ति श्रृंखलाओं पर केंद्रित है, वर्तमान वैश्विक अर्थव्यवस्था की जटिलता को अत्यंत सहजता से प्रस्तुत करता है। आज "दक्षिण-दक्षिण सहयोग" केवल एक कूटनीतिक अवधारणा नहीं, बल्कि समान संघर्षों से जूझते देशों के बीच एक मानवीय साझेदारी की पुकार है। यह आज के युग की एक सर्वाधिक महत्वपूर्ण अवधारणा है, जहाँ राजनीतिक, आर्थिक, सामाजिक, सांस्कृतिक, पर्यावरणीय और तकनीकी क्षेत्रों में दक्षिणी देशों के बीच सहयोग की रूपरेखा विश्व में समता और न्यायपूर्ण विकास की राह खोलती है। इस सहयोग से अरबों लोग गरीबी से ऊपर उठेंगे। तेल, ऊर्जा, और साझा पूँजी निवेश से लेकर ब्रिक्स बैंक जैसे संस्थानों का गठन, यह सब इस सहयोग की परिणति हैं, जहाँ कम निवेश-ग्रेड वाले देश भी एक साथ आए और संयुक्त रूप से AA+ रेटिंग प्राप्त की।

भारतीय सांस्कृतिक परंपरा में धन को देवी का रूप माना गया है, देवी लक्ष्मी, जिनके हाथों में कमल होता है, जो शुद्धता और सृजन का प्रतीक है, और जिनके करों से स्वर्ण मुद्राओं की वर्षा होती है, यह संकेत है कि संपत्ति तभी पूर्ण मानी जाती है जब वह धर्म से अर्जित हो और लोक के हित में उपयोग हो। 'How to Grow the Moral Way' केवल एक पुस्तक नहीं, बल्कि एक जीवंत पथदर्शिका है, जो हमें केवल जीने का नहीं, बल्कि अर्थपूर्ण जीवन जीने का मार्ग दिखाती है। एडम स्मिथ की भावना में, मैं प्रार्थना करता हूँ कि यह पुस्तक पाठकों को प्रेरित करे, उन्हें नैतिक विकास और आत्म-खोज की यात्रा पर अग्रसर करे, और उनके जीवन के साथ-साथ उन सबके जीवन को भी समृद्ध करे, जो उनके संपर्क में आएं।

अध्याय १

सहानुभूति

१. लोग भावुक होते हैं

एडम स्मिथ के नैतिक दर्शन का केंद्र बिंदु है — सहानुभूति। स्मिथ के अनुसार, सहानुभूति का अर्थ है दूसरों की भावनाओं और अनुभवों को महसूस करना, उनकी स्थिति को समझना और उनके भले के लिए चिंता करना। जब हम किसी के साथ सहानुभूति रखते हैं, तो हम न सिर्फ उनकी पीड़ा समझते हैं, बल्कि उनके साथ भावनात्मक जुड़ाव भी महसूस करते हैं। यह जुड़ाव विश्वास को जन्म देता है और रिश्तों को मजबूत बनाता है। लोग स्वाभाविक रूप से उन व्यक्तियों की ओर आकर्षित होते हैं जो उनकी भावनाओं को समझते हैं, क्योंकि इससे अपनापन और समर्थन का एहसास होता है। स्मिथ अपनी पुस्तक "थ्योरी ऑफ मॉरल सेंटिमेंट्स" (टीएमएस) की शुरुआत एक नए नैतिक आधार से करते हैं — जो मानव स्वभाव में निहित है, न कि किसी अलौकिक सिद्धांत में। वे सहानुभूति को एक व्यावहारिक ज्ञान के रूप में परिभाषित करते हैं, जिसके जरिए हम दूसरों की परिस्थितियों को अपने मन में जीते हैं। सहानुभूति एक ऐसी प्रक्रिया है जिसमें व्यक्ति कल्पना के माध्यम से खुद को दूसरे की जगह रखता है, उसकी परिस्थितियों को ध्यान में रखते हुए मन ही मन उसकी स्थिति का अनुभव करता है।

> "चाहे मनुष्य कितना भी स्वार्थी क्यों न हो, उसकी प्रकृति में कुछ ऐसे तत्व हैं जो उसे दूसरों के दुख-सुख से जोड़ते हैं और उसे दूसरों की दशा में रुचि लेने के लिए प्रेरित करते हैं... हम अक्सर दूसरों के दुख से स्वयं

दुखी हो जाते हैं.. दुनिया का सबसे क्रूर व्यक्ति भी इससे अछूता नहीं है।" (टीएमएस I.I.I.१)

२. सहानुभूति का स्वभाव

अपने जानने वालों के दुख-सुख से प्रभावित होना स्वाभाविक है, परंतु सच्ची सहानुभूति अनजान लोगों के लिए भी होती है। निष्पक्षता ही सहानुभूति का असली स्वरूप है। यह हमारी व्यक्तिगत पसंद-नापसंद से ऊपर उठकर सभी के प्रति संवेदनशील होने की क्षमता है। साधारणतः लोग उन्हीं बातों पर ज्यादा ध्यान देते हैं जो उन्हें पसंद आती हैं और अनचाही चीजों को नजरअंदाज करते हैं। लेकिन सहानुभूति हमें दूसरों के अनुभवों में समानता देखने और भिन्नताओं के बावजूद उनकी मदद करने के लिए प्रेरित करती है। लोग अपने परिचितों, अजनबियों, यहाँ तक कि काल्पनिक पात्रों से भी सहानुभूति रखते हैं। फिल्मों में भावुक दृश्यों पर आंसू बहाना और खुशी के पलों में झूम उठना — यही असली सहानुभूति है। यह निष्पक्षता हमें निजी झुकाव के बजाय सार्वभौमिक सिद्धांतों के आधार पर नैतिक निर्णय लेने में मदद करती है।

> "मां अपने बीमार बच्चे के रोने पर, जो बीमारी की पीड़ा में यह भी नहीं बता सकता कि उसे क्या हो रहा है, तो वह अपने मन में उसकी पीड़ा के साथ उसकी बेबसी को भी जोड़ लेती है — और साथ ही अपनी उस बेबसी को भी, जो वह कुछ कर न पाने के कारण महसूस करती है। उसे इस बीमारी के अज्ञात परिणामों का डर सताता है। इन सब भावनाओं को मिलाकर वह अपने भीतर दुख और कष्ट की सबसे संपूर्ण छवि बना लेती है।" (टीएमएस I.I.I.१२)

हम जब दूसरों की स्थिति में खुद को रखते हैं, तो उनके दर्द की गहराई को समझ पाते हैं। धूप में बैठे फेरीवाले को देखकर एसी कार में बैठा व्यक्ति अपने आराम को और ज्यादा महसूस करता है। भरे पेट घर से बाहर निकलने वाला

व्यक्ति दिन भर भूखे मजदूर को देखकर भीतर से कृतज्ञता महसूस करता है और जहां तक संभव हो, मदद करने का प्रयास करता है।

इस प्रकार, सहानुभूति में मानसिक समझ के साथ-साथ भावनात्मक प्रतिक्रिया भी शामिल होती है। यह हमें दूसरों के कार्यों के पीछे की परिस्थितियों को समझने में मदद करती है, जिससे कठोर निर्णयों में नरमी आती है।

३. सहानुभूति की भूमिका

जब कोई अपराधी सजा पाता है, तो लोग सोचते हैं कि शायद उसकी इस स्थिति के पीछे कोई मजबूरी रही होगी। यह सोच सजा को कठोर लगने देती है और दया की भावना को जन्म देती है। संस्कृति और मूल्य इस बात को प्रभावित करते हैं कि हम दूसरों की पीड़ा को कितना समझते हैं। महात्मा गांधी ने कहा था, "अपराध से घृणा करो, अपराधी से नहीं।" स्मिथ मानते थे कि सहानुभूति समाज को एकजुट रखने का आधार है। अगर लोग एक-दूसरे के दुख-सुख में हिस्सा न लें, तो समाज में अव्यवस्था और संघर्ष फैल जाएगा। धार्मिक आयोजन, उपवास, और सामूहिक अनुष्ठान — ये सब भी सामाजिक बंधन को मजबूत करने के साधन हैं। हमारे समाज में गरीबी व्यापक है। कई लोग कम वेतन में कठिनाई से गुजारा कर रहे हैं, उन्हें दूध, सब्जी, बिजली, यात्रा, दवाइयों को प्राप्त करने तक के लिए संघर्ष करना पड़ता है। हमें कृतज्ञ होना चाहिए कि हम ऐसी स्थिति में नहीं हैं — न कि घमंडी या अहंकारी, बल्कि विनम्र। स्वनिर्मित व्यक्तियों के प्रति समाज में अधिक सहानुभूति रहती है, जबकि जन्म से संपन्न लोगों के प्रति अपेक्षाकृत कम। जो खुद संघर्ष करके आगे बढ़े हैं, वे अक्सर पीछे रह गए लोगों के प्रति कम सहानुभूति रखते हैं। वे खुद को सफल लोगों के करीब लाने का प्रयास करते हैं, उनकी नकल करते हैं, और उनकी स्वीकृति चाहते हैं।

> "जब हम किसी व्यक्ति को अपने दुखों का विलाप करते हुए ऊँचे स्वर में रोते-बिलखते देखते हैं — और जब हम उन्हीं परिस्थितियों को अपने

> जीवन पर लागू करके देखते हैं और पाते हैं कि वही दुःख हमारे भीतर वैसा तूफ़ान नहीं खड़ा कर पाते — तो हम उस व्यक्ति की पीड़ा से चकित हो उठते हैं। हम उसमें अपनी संवेदना नहीं ढाल पाते, और यही दूरी हमें उसकी वेदना को कायरता और दुर्बलता कहने को प्रेरित करती है। दूसरी स्थिति भी कम विचित्र नहीं — जब कोई व्यक्ति किसी छोटी-सी सौभाग्य की बात पर अत्यधिक उत्साहित या अभिभूत होता है, तो वह भी हमें असहज कर देता है। उसकी खुशी हमारे भीतर ईर्ष्या नहीं, पर कोई विक्षोभ ज़रूर जगा देती है — क्योंकि हम उस उल्लास में सम्मिलित नहीं हो पाते। और तब हम उसकी उस प्रसन्नता को हल्कापन और मूर्खता कह कर खारिज कर देते हैं।" (टीएमएस I.I.II.६)

असली बात यह है कि हम सबसे ज्यादा खुद से प्रेम करते हैं। जो हमारे काम आते हैं, वही हमें अच्छे लगते हैं। नीतियाँ, परंपराएँ, निर्णय — जो हमें लाभ पहुँचाते हैं — हमें सही लगते हैं। पर स्मिथ का नजरिया अलग है, उनके अनुसार सहानुभूति का आधार स्वयं को केंद्र में रखना नहीं है, बल्कि दूसरों के दर्द और भावनाओं को सच्चे मन से महसूस करना है।

४. व्यक्ति और जुनून

एडम स्मिथ कहते हैं कि लोग अपने जुनून के पीछे चलते हैं और उन कार्यों को सही और उचित मानते हैं जो उन्हें उनके लक्ष्य तक ले जाते हैं। स्मिथ पांच तरह के जुनून (passions) की बात करते हैं — शारीरिक, कल्पना से जुड़े, और असामाजिक, सामाजिक, तथा स्वार्थी जुनून। भूख, प्यास जैसे भावनाएँ शरीर से जुड़ी होती हैं। आकर्षण और घृणा मानसिक भावनाएँ हैं। नफरत और प्रतिशोध असामाजिक भावनाएँ हैं। उदारता और करुणा सामाजिक भावनाएँ हैं। शोक और खुशी स्वार्थी भावनाएँ हैं, जो सामाजिक और असामाजिक के बीच में आती हैं। कई बार, जुनून एक व्यक्ति से दूसरे में बिना पूरी जानकारी के तुरंत फैल जाते हैं। अगर कोई व्यक्ति गहरे दुख या प्रचंड खुशी में है, तो उसे देखकर बाकी लोग भी उसी भावना में लीन हो जाते हैं।

“कुछ अवसरों पर ऐसा प्रतीत होता है मानो किसी व्यक्ति की भावनाएँ बिना किसी व्याख्या या पूर्व जानकारी के, तुरन्त दूसरे व्यक्ति में प्रवाहित हो जाती हैं। जैसे कि शोक या आनंद — जब कोई व्यक्ति अपने हाव-भाव और मुखमुद्राओं के माध्यम से इन भावनाओं को तीव्रता से प्रकट करता है, तो देखने वाला भी उस पीड़ा या प्रसन्नता की अनुभूति करने लगता है, भले ही वह मूल कारण से पूर्णतः अनभिज्ञ हो। एक मुस्कुराता चेहरा, हर देखने वाले के लिए एक आनंददायक दृश्य बन जाता है; और वहीं दूसरी ओर, एक उदास चेहरा अपने साथ एक गहरी विषाद की छाया ले आता है। (टीएमएस I.१.६)

“सभी मानवीय भावनाओं में — जो कभी-कभी अपने उद्देश्य की तुलना में अत्यधिक असंगत और अतिरंजित प्रतीत होती हैं — प्रेम ही एकमात्र ऐसा भाव है जो सबसे सरल मन को भी सुशोभित और आकर्षक प्रतीत होता है। प्रेम के भीतर एक अद्भुत सम्मिलन होता है — मानवता का, उदारता का, कोमलता का, मित्रता का, और सम्मान का। ये वे भावनाएँ हैं जिनसे हम स्वाभाविक रूप से सबसे अधिक तादात्म्य अनुभव करते हैं...” (टीएमएस I.II.II.५)

जुनून और सहानुभूति का आपस में गहरा रिश्ता है। जुनून हमें किसी के साथ भावनात्मक रूप से जोड़ता है, और सहानुभूति उस भावना को समझने और साझा करने की क्षमता देती है। ये दोनों मिलकर गहरी समझ, करुणा, और मदद के लिए प्रेरित करते हैं।

५. सहानुभूति को कैसे बढ़ाएँ

स्मिथ मानते थे कि सहानुभूति जन्मजात है, लेकिन इसे शिक्षा, संस्कार, और समाजिक अनुभव से और निखारा जा सकता है। परवरिश, शिक्षा और समाज के प्रभाव हमारे नैतिक स्वभाव को गढ़ते हैं और सद्गुणों का विकास करते हैं। संयम एक महत्वपूर्ण गुण है — यानी अच्छी परिस्थितियों में भी अपनी भावनाओं

को मर्यादा में रखना। खुशी हो या सफलता, उसे शालीनता और विनम्रता से संभालना चाहिए।

"हर व्यक्ति अपने भीतर मौजूद क्षमताओं को ही आधार बनाकर दूसरों की क्षमताओं का मूल्यांकन करता है। मैं तुम्हारी दृष्टि का अनुमान अपनी दृष्टि से लगाता हूँ, तुम्हारी श्रवण-शक्ति को अपने कानों से परखता हूँ, तुम्हारी तर्क-शक्ति को अपनी बुद्धि से तोलता हूँ, तुम्हारे क्रोध को अपने रोष से और तुम्हारे प्रेम को अपने प्रेम के तराजू से नापता हूँ। मेरे पास इसके अलावा और कोई उपाय ही नहीं — न था, न हो सकता है।" (टीएमएस I.I.III.१०)

सहानुभूति का सही मापदंड है दया। दया का मतलब है कि सिर्फ दुखी महसूस करना नहीं, बल्कि समझना और मदद करने की कोशिश करना। दया का अर्थ है निस्वार्थ मदद करना, बिना किसी अपेक्षा के। भारतीय संस्कृति में करुणा को बेहद महत्वपूर्ण स्थान मिला है। हिंदू, बौद्ध, और जैन धर्मों में करुणा एक मुख्य आदर्श है।[१] भगवद गीता में सभी प्राणियों के प्रति करुणा और निःस्वार्थ सेवा पर बल दिया गया है।[२] बौद्ध धर्म में 'मैत्री भाव साधना' के जरिए दूसरों के प्रति करुणा को बढ़ाया जाता है। जैन धर्म में अहिंसा, क्षमा, और करुणा को आत्मशुद्धि का मार्ग माना गया है। सिख धर्म में "सर्वत दा भला" — यानी सबके कल्याण की भावना — करुणा का सुंदर उदाहरण है।[३]

६. सहानुभूति के फायदे

एडम स्मिथ दो खास बातें बताते हैं: पहली, सहानुभूति अवसाद का इलाज बन सकती है। दूसरी, यह मानव स्वभाव को परिपूर्ण बनाकर जीवन को शांति और संतुलन देती है। जब आप किसी के दर्द को समझते हैं और उसके प्रति संवेदनशील होते हैं, तो आप उसे अकेलेपन से निकालते हैं। अवसादग्रस्त

---

[१] जीवेषु करुणा चापि मैत्री तेषु विधीयताम् (सभी जीवित प्राणियों के प्रति दयालु और मैत्रीपूर्ण रहें, स्रोत अनाम)

[२] अद्वेष्टा सर्वभूतानां मैत्रः करुण एव च (जो किसी प्राणी से घृणा नहीं करता, जो सभी के प्रति मैत्रीपूर्ण और दयालु है, श्रीमद्भगवद्गीता १२. १२)

[३] नानक नाम चढ़दी कला, तेरे भाणे सरबत दा भला।

व्यक्ति को सहानुभूति मिलती है, तो वह धीरे-धीरे बेहतर महसूस करता है। सिर्फ महसूस करना ही नहीं, बल्कि उनकी बात सुनना, समर्थन देना, और मदद करने की कोशिश करना असली करुणा है। सहानुभूति से कई फायदे भी हैं जैसे, मजबूत और अर्थपूर्ण रिश्ते बनते हैं। व्यक्ति का सामाजिक दायरा मजबूत होता है, जो मानसिक स्वास्थ्य के लिए जरूरी है। दूसरों की मदद करने से खुद को भी खुशी और संतुष्टि मिलती है। व्यक्ति को तनाव, चिंता, और अवसाद से निपटने में मदद मिलती है। सहानुभूतिपूर्ण लोग मुश्किल हालात में भी ज्यादा मजबूत और टिकाऊ होते हैं।

> "जब मन अशांत हो जाए, जब भीतर की स्थिरता डगमगाने लगे — तब समाज और संवाद ही सबसे प्रभावशाली औषधियाँ बनते हैं। यही वे साधन हैं जो हमें मानसिक संतुलन की ओर पुनः ले जाते हैं, और वही भाव-संवेदना बनाए रखते हैं जो आत्मतोष और जीवन के सुखद अनुभवों के लिए अनिवार्य है।" (टीएमएस I.I.IV.१०)

सहानुभूति से आत्म-सम्मान भी बढ़ता है। जब हम दूसरों के जीवन में फर्क डालते हैं, तो खुद के प्रति हमारा नजरिया भी बेहतर होता है। सहानुभूति से भावनात्मक बुद्धिमत्ता और सामाजिक कौशल का भी विकास होता है। यह लोगों को व्यापक दृष्टिकोण देता है और अलग-अलग अनुभवों से जोड़ता है। कई शोधों से पता चला है कि दयालुता और सहानुभूति स्वास्थ्य के लिए भी अच्छी हैं — यह ब्लड प्रेशर घटाती हैं, इम्यून सिस्टम मजबूत बनाती हैं, और दिल की बीमारियों का खतरा कम करती हैं।

"मनुष्यता की पूर्णता तब प्रकट होती है, जब हम अपने लिए कम और दूसरों के लिए अधिक महसूस करने लगते हैं — जब स्वार्थ को रोक कर, परार्थ को स्थान देते हैं। यही वह अवस्था है जहाँ मनुष्यों के बीच भावनाओं की समरसता जन्म लेती है — और इसी समरसता में ही जीवन की शोभा और उसकी शालीनता निहित है। जैसे ईसाई धर्म का मूल उपदेश है — 'अपने पड़ोसी

को वैसा ही प्रेम करो जैसे स्वयं को करते हो'; ठीक वैसे ही प्रकृति का मौन निर्देश है — 'स्वयं को वैसा ही प्रेम करो जैसे कोई और तुम्हें कर सकता है', या कहें — जितना तुम अपने पड़ोसी को कर सकते हो।" (टीएमएस I.I.V.५)

स्मिथ के विचार बुद्ध धर्म की "तीन विषाक्तताओं" से मिलते-जुलते हैं, जो दुख और असंतोष की जड़ मानी जाती हैं।

लोभ: चीजों को पाने की लालसा।
घृणा: दूसरों या खुद के प्रति गुस्सा और नफरत।
मोह: सच्चाई से अनजान रहना।

इन मानसिक दोषों को पहचान कर और नैतिक आचरण, ध्यान, और सही ज्ञान से मिटाया जा सकता है, तभी सच्चा आनंद और शांति मिलती है।

"घृणा और क्रोध, अच्छे मन के लिए सबसे बड़ा जहर हैं।"
(टीएमएस I.II.III.७)

७. भटकी हुई सहानुभूति से सावधान

एडम स्मिथ अंत में चेतावनी देते हुए कहते हैं कि सहानुभूति भी अगर गलत दिशा में दी जाए, तो नुकसानदायक हो सकती है। भटकी हुई सहानुभूति तब होती है जब हम किसी ऐसे व्यक्ति या स्थिति के लिए दया महसूस करते हैं, जो इसका असली हकदार नहीं है। उदाहरण के लिए — अगर कोई दोस्त बार-बार गलत फैसले लेता है या आत्म-विनाशकारी आदतें अपनाता है और फिर भी हम बार-बार उसकी गलतियों को नज़रअंदाज़ कर उसे सहारा देते रहते हैं, तो यह नुकसानदायक है। या किसी अपराधी के लिए सहानुभूति जताना, लेकिन उसके अपराध के पीड़ितों की पीड़ा को अनदेखा करना — यह भी उसी श्रेणी में आता है। सही और गलत के बीच संतुलन बनाए रखना जरूरी है, हमें यह सोचना चाहिए कि हमारी सहानुभूति वास्तव में मदद कर रही है या अनजाने में गलत को बढ़ावा दे रही है। लोग अगर सिर्फ दूसरों को खुश करने की कोशिश

में लगे रहें, तो कई समस्याएं खड़ी हो जाती हैं: वे अपने असली विचार और भावनाएं छिपाने लगते हैं, वे खुद से कट जाते हैं, अपनी इच्छाएं, लक्ष्य और पहचान भूल जाते हैं और ऐसा करते-करते व्यक्ति भीतर से खाली, थका और असंतुष्ट महसूस करने लगता है।

> "धनवानों और शक्तिशालियों के प्रति यह स्वाभाविक झुकाव — उनका प्रशंसक बन जाना, कभी-कभी तो उनका उपासक बन बैठना — और इसके विपरीत, निर्धनों और साधारण लोगों की उपेक्षा करना या उन्हें तुच्छ समझना — यह प्रवृत्ति, भले ही समाज में वर्गों का अंतर बनाए रखने और सामाजिक व्यवस्था को टिकाए रखने के लिए आवश्यक मानी जाए, लेकिन यही हमारी नैतिक संवेदनाओं के पतन का सबसे व्यापक और मूल कारण भी है। आम जनमानस — जिसे 'जनता का महासमूह' कह सकते हैं — अक्सर ऐसे व्यक्तियों का न केवल प्रशंसक बनता है, बल्कि बिना किसी निजी स्वार्थ के, एक प्रकार का निःस्वार्थ उपासक बन जाता है — और यह बात जितनी विचित्र लगे, उतनी ही सच भी है — कि यह उपासना धन और वैभव की होती है, न कि गुण या सत्य की।"
> (टीएमएस I.II.III.१-२)

हर किसी को खुश करने की कोशिश में व्यक्ति खुद के लिए थकावट, झुंझलाहट और गुस्सा पाल लेता है। दूसरों की स्वीकृति पाने की लालसा सच्चे संबंधों को खोखला बना सकती है। लोग हमें इसलिए पसंद करेंगे क्योंकि हम उनकी उम्मीदों पर खरे उतरते हैं — न कि इसलिए कि हम कौन हैं। इससे व्यक्ति अपना आत्म-निर्णय और जीवन की दिशा भी खो सकता है।

८. निष्कर्ष — संतुलन और विवेक

यह स्वाभाविक है कि हम दूसरों द्वारा पसंद किए जाने की आकांक्षा रखते हैं। लेकिन जरूरी है कि हम दूसरों की ज़रूरतों के साथ-साथ अपनी पहचान,

स्वतंत्रता और मानसिक स्वास्थ्य का भी ध्यान रखें। सहानुभूति एक शक्तिशाली भावना है — यह रिश्तों को जोड़ती है, लोगों को करीब लाती है, और मुश्किल वक्त में सहारा बनती है। लेकिन अगर इसकी कोई सीमा न हो, तो यह हमें भावनात्मक रूप से थका सकती है। कभी-कभी लोग दूसरों की तकलीफें इतनी ज़्यादा ओढ़ लेते हैं कि खुद की देखभाल करना भूल जाते हैं। इससे थकावट, कुंठा, और मानसिक थकान पैदा होती है। कुछ लोग सहानुभूति का दुरुपयोग भी करते हैं — जैसे दिखावटी दुःख दिखाकर लोगों से मदद लेना। इसलिए ज़रूरी है कि: सहानुभूति के साथ विवेक भी रखें, सीमाएं तय करें और दूसरों की मदद करते हुए खुद को ना भूलें। सच्ची सहानुभूति वही है जो समझ के साथ आती है — जो सिर्फ भावना नहीं, कार्रवाई का रूप भी लेती है। आज की दुनिया में, जहां टेक्नोलॉजी, ग्लोबलाइजेशन और सोशल मीडिया हर किसी पर हावी हैं, सहानुभूति पहले से कहीं ज़्यादा जरूरी हो गई है। ऑनलाइन बातचीत में अक्सर गलतफहमियां होती हैं — यहां सहानुभूति ही वह पुल है जो भावनात्मक दूरी को पाट सकती है। आज जब लोग अलग-अलग राज्यों और देशों में बस रहे हैं, संवेदनशीलता और विविधता को समझना ही असली सामाजिक समरसता की कुंजी है। सोशल मीडिया पर नकारात्मकता और टकराव जल्दी फैलता है। लेकिन सहानुभूति के जरिए हम लोगों को दूसरों की भावनाओं और संदर्भों को समझने के लिए प्रेरित कर सकते हैं। जब हम समझदारी के साथ करुणा दिखाते हैं — यानी विचारपूर्वक, सीमाओं के साथ, और आत्म-देखभाल के साथ — तभी हम सच्चे अर्थों में सहानुभूति को सार्थक बनाते हैं। सहानुभूति एक अनमोल मानवीय शक्ति है पर इसके साथ चाहिए विवेक, सीमा, और स्वस्थ आत्मसम्मान तभी हम दूसरों की मदद करते हुए खुद को भी मजबूत रख पाते हैं और यही हमें बनाता है — पूर्ण इंसान।

मान्यता की चाहत और दूसरों के प्रति करुणा रखना स्वाभाविक है, लेकिन सच्ची संतुष्टि दूसरों की देखभाल और अपनी पहचान, स्वतंत्रता और कल्याण के प्रति सम्मान के बीच संतुलन बनाने से मिलती है। सहानुभूति रिश्तों को मज़बूत

करती है और दयालुता को बढ़ावा देती है, लेकिन बिना सीमाओं के, यह आपको थका सकती है, निर्भरता बढ़ा सकती है और यहाँ तक कि इसका दुरुपयोग भी हो सकता है। थकान से बचने के लिए, सचेत सहानुभूति का अभ्यास करना ज़रूरी है- स्वयं की देखभाल, भावनात्मक स्पष्टता और आलोचनात्मक विवेक बनाए रखते हुए दूसरों का समर्थन करना। करुणा सार्थक सहानुभूति में तभी बदलती है जब यह खुद को कम किए बिना दूसरों का उत्थान करती है। औरों की परवाह करें, लेकिन अपनी कीमत पर नहीं- सच्ची सहानुभूति देने वाले और पाने वाले, दोनों को सशक्त बनाती है।

अध्याय २

निष्पक्ष दर्शक

१. तीसरी दृष्टि

सामान्यतः जब हमें लगता है कि कोई हमें देख रहा है तो हम तब अलग ढंग से व्यवहार करने लगते हैं। चेहरे पर मुस्कान खिल उठती है, स्मृतियाँ अधिक स्पष्ट हो जाती हैं, और हम अधिक विनम्रता से पेश आते हैं। मनोविज्ञान इसे 'ऑडियंस इफ़ेक्ट' कहता है मतलब दर्शकों की कल्पना मात्र से हमारा बर्ताव बदलने लगता है। हम ऐसा क्यों करते हैं? क्योंकि हम चाहते हैं कि हमारा बाह्य रूप, हमारी सार्वजनिक छवि, दूसरों की नज़रों में बेहतर बनी रहे, और इसके माध्यम से हम स्वयं को अधिक मूल्यवान अनुभव करते हैं। बस यही सोच कि "कोई देख रहा है" हमें अपने भीतर झाँकने पर विवश कर देती है।

एडम स्मिथ की नैतिक अवधारणा करुणा पर आधारित थी—दूसरों की भावनाओं को महसूस करना, लेकिन यह पर्याप्त नहीं। समानांतर रूप से, यह जानना भी ज़रूरी हो जाता है कि दूसरे हमारे बारे में क्या सोचते हैं। मैं किसी के लिए आत्मीयता और दया महसूस कर सकता हूँ, पर क्या गारंटी है कि समय आने पर मेरे साथ भी वही व्यहवार होगा? जब हम दूसरों की भावनाओं की कल्पना करते हैं, तो हम उनके विचारों की भी कल्पना करते हैं—वे हमारे बारे में क्या सोचते हैं, हम दूसरों के साथ कैसा व्यवहार करते हैं, यह वे कैसे देखते हैं। इस सोच के बीच एक आभासी सत्ता जन्म लेती है—जो न मैं हूँ, न पूरी तरह से कोई और—लेकिन जो मेरे और समाज के बीच मौजूद होती है और जो मेरे व्यवहार को निर्देशित करने लगती है।

मैं अकेले जो कर सकता हूँ, वह मैं सबके सामने नहीं कर सकता। और जो मैं लोगों के बीच कर सकता हूँ, वह मैं अपने परिवार के सामने नहीं कर सकता। यह नियंत्रण, यह संयम, अपने भीतर से निकलता हुआ यह निरीक्षण — कौन है? स्मिथ ने इसे निष्पक्ष दर्शक कहा—एक ऐसा मानसिक पर्यवेक्षक जिसे हमने खुद के भीतर रचा है, जो हर कर्म, हर निर्णय, हर शब्द का न्याय करता है... मानो वह कोई तीसरा हो जो बिना पक्ष लिए, हमारे हर भाव और क्रिया का मूल्यांकन करता है।

"वह निष्पक्ष साक्षी, जो न तो कोई ऐसा शब्द स्वीकार करता है जो न्याय के बाहर हो, न ही कोई ऐसी क्रिया जिसे कोई भी तटस्थ व्यक्ति सहर्ष स्वीकार न करे।" (टीएमएस I. I. V. ४)

२. दृष्टियों के विविध कथानक

लेकिन ये निष्पक्ष साक्षी है कौन? क्या यह हमारी अंतःचेतना है? क्या हम अंतर्यामी हैं? भारत में 'अंतर्यामी' को आत्मा का साक्षी भाव कहा गया है—वह जो भीतर बैठकर हमें बाहर से देखता है।[१] प्लेटो ने इसे 'दैवी चिंगारी' कहा, जिसने मनुष्य को नैतिक बनाया। अरस्तू ने अभ्यास और विवेक से नैतिकता के निर्माण की बात की। स्टोइक दार्शनिकों—एपिक्टेटस और सेनेका—ने अंतःकरण को तर्क की आवाज़ कहा। सेंट ऑगस्टीन ने ईश्वर के विधान की दिशा में मार्गदर्शन करने वाली भीतरी आवाज़ पर बल दिया, और संत थॉमस एक्विनास ने ईसाई धर्मशास्त्र को अरस्तू की नैतिकता से जोड़ा—जहाँ अंतःकरण तर्क और नैतिक सिद्धांतों से संचालित होता है।

आधुनिक युग में, डेसकार्टेस ने अंतःकरण को नैतिक सत्य को समझने की मानसिक क्षमता माना, वहीं कांट ने इसे नैतिक स्वतंत्रता का प्रतीक कहा—जहाँ चेतना एक सार्वभौमिक नैतिक नियम के पालन से उत्पन्न होती है।

---

[१] ईश्वरः सर्वभूतानां हृद्देशेऽर्जुन तिष्ठति (हे अर्जुन! परमेश्वर सभी प्राणियों के हृदय में निवास करते हैं, श्रीमद्भगवद्गीता १८. ६१)

अस्तित्ववादियों ने इसे और भी व्यक्तिगत बना दिया—जहाँ हर निर्णय, हर उत्तरदायित्व, हर विकल्प व्यक्ति के स्वयं के भीतर जन्म लेता है।

लेकिन स्मिथ का मार्ग भिन्न था। उन्होंने धर्म या दैवीयता से दूरी बनाई और एक दार्शनिक दृष्टिकोण अपनाया। उनका निष्पक्ष दर्शक किसी देवी-देवता जैसा नहीं है, बल्कि एक ऐसी दार्शनिक कल्पना है, जो आत्मनिरीक्षण की शक्ति से जन्म लेती है। व्यक्ति जब स्वयं को ही देखता है, स्वयं को ही जज करता है—तब वह दो हिस्सों में बँट जाता है—एक जो क्रिया करता है, और दूसरा जो उस क्रिया का मूल्यांकन करता है।

> "जब मैं अपनी ही किसी क्रिया की समीक्षा करता हूँ—चाहे उसकी सराहना करूँ या आलोचना—मैं स्वयं को दो भागों में बाँट देता हूँ: एक, जो देख रहा है, जज कर रहा है; और दूसरा, जो देखा जा रहा है, जिसकी न्याय किया जा रहा है।" (टीएमएस III. I. ६)

पर क्या केवल अनुमोदन या स्वीकृति से नैतिकता तय हो जाती है? अगर हम कुछ सिर्फ इसलिए करें क्योंकि सभी ऐसा कर रहे हैं—बिना सोचे कि उसके नैतिक परिणाम क्या होंगे—तो क्या वह सही होगा? नैतिक निर्णय में केवल 'सामाजिक अनुमोदन' ही नहीं, बल्कि करुणा, विवेक, परिणामों की समझ और अंत:दृष्टि—सबका सम्मिलित प्रभाव होता है।

निष्पक्ष साक्षी हमें यह अवसर देता है कि हम स्वयं को देखें—जैसे कोई और देख रहा हो। यही आत्मनिरीक्षण नैतिकता का मूल है। यही भीतर की वह आवाज़ है जो जब गूंजती है, तो हम सही को पहचानने लगते हैं — तब भी जब हमें कोई नहीं देख रहा हो।

३. अंतःकरण का अध्ययन

अंतःकरण का अध्ययन अब भी एक यात्रा में है—जिसकी कोई अंतिम मंज़िल नहीं। नैतिकता का कोई एक सिद्धांत ऐसा नहीं जो हर परिस्थिति को समेट सके। जब हम ईश्वर या आत्मा जैसे तत्वमीमांसा (metaphysics) के विचारों को

अलग रख देते हैं, तो अंतःकरण महज़ एक जागरूकता बनकर रह जाता है—नैतिक विकास और निर्णय लेने की वह क्षमताशील चेतना, जो हमें रोज़मर्रा की नैतिक उलझनों में रास्ता दिखाती है। 'केयर एथिक्स' जैसे दृष्टिकोण और नैतिक विकास के विभिन्न चरणों का अध्ययन यह समझाने में सहायक रहे हैं कि यह चेतना समय के साथ कैसे बढ़ती और परिपक्व होती है। स्मिथ के समय में तो मनोविज्ञान का अस्तित्व भी नहीं था, ऐसे में उन्होंने समाजीकरण को पूरी तरह से व्यक्ति की सोच और दूसरों के व्यवहार के संदर्भ में समझा।

> "हम स्वयं की भावनाओं और व्यवहार का मूल्यांकन तब करना शुरू करते हैं जब हम सोचते हैं कि दूसरे इसे कैसे देखेंगे—जैसे अगर हम उनकी जगह होते तो क्या महसूस करते। हम अपने ही व्यवहार को देखने वाले दर्शक की तरह कल्पना करते हैं और विचार करते हैं कि इस दृश्य का हम पर क्या प्रभाव पड़ता। यही वह आईना है, जिसके ज़रिए हम दूसरों की नज़रों से अपनी नैतिकता की परख करते हैं। अगर उस दृष्टि से हम अपने ऊपर संतुष्ट होते हैं, तो हमें चैन मिलता है।" (टीएमएस III. I. ५)

लेकिन नैतिकता की यह पूरी संरचना अत्यंत जटिल है। यह केवल सही और ग़लत की कोई निर्धारित सूची नहीं है, बल्कि एक मानसिक और भावनात्मक भूगोल है, जो हर किसी के अपने संस्कारों, अनुभवों और परिस्थितियों से बना है। फिर भी, यह 'सामूहिक कल्पना' की उपज है—जिसका असर व्यक्ति की व्यक्तिगत नैतिक सोच और कार्यों पर बहुत गहरा होता है। स्मिथ ने अंतःकरण की एक विलक्षण परिभाषा दी थी:

> "वह पीड़ा, जो किसी दोषबोध से उपजती है, वह मानसिक व्याकुलता जो न तो किसी रहस्य से बचाई जा सकती है और न ही किसी नास्तिक सिद्धांत से समाप्त होती है; यह केवल तब समाप्त होती है जब मनुष्य अपने सम्मान, अपमान, सद्गुण या दुर्गुण के प्रति पूरी तरह से असंवेदनशील हो जाए—यानी नैतिक मृत्यु।" (टीएमएस III. II. १०)

एक व्यक्ति अपने समाज से उपेक्षित होने के भय से, अपनों के बीच अस्वीकृति की आशंका से जितना भीतर से टूटा होता है, उतना शायद किसी और कारण से नहीं। समाज हमें रीति-रिवाजों, परंपराओं और आचार संहिताओं के माध्यम से नैतिकता का पाठ पढ़ाता है। जब ये मान्यताएँ ईमानदारी, सहानुभूति और न्याय जैसी भावनाओं को महत्व देती हैं, तब ये व्यक्ति को सज्जन बनाती हैं और गलत कार्यों से रोकती हैं।

४. समाजः एक नैतिक शक्ति

तीन सौ साल पहले नैतिकता और धर्म को अलग करके देखना एक क्रांतिकारी विचार रहा होगा। इस कल्पना ने पश्चिमी चिंतन की धरती हिला दी थी कि प्रकृति स्वयं ईश्वर के अस्तित्व का प्रमाण हो सकती है। लेकिन यह विचार स्मिथ से पहले पुर्तगाली-डच दार्शनिक स्पिनोज़ा ने रखा था। अपनी महान रचना "Ethics" में उन्होंने 'ईश्वर' को 'प्रकृति' का पर्याय बताया—एक ऐसा विचार जिसे 'pantheism' कहा गया अर्थात सब कुछ ही ईश्वर है। यह दृष्टिकोण ब्रह्मांड को एक पवित्र एकता के रूप में देखता है—जहाँ हर अणु में वही दिव्यता समाहित है। भारतीय संस्कृति तो इसे पहले ही जानती थी—"कण-कण में भगवान"।[२]

स्पिनोज़ा के इस विचार ने पश्चिमी मतों को बदल डाला। न केवल धर्मशास्त्र बल्कि विज्ञान और दर्शन भी इससे प्रभावित हुए। स्मिथ ने इसी कड़ी में आगे बढ़कर मानव सभ्यता में नैतिकता को समझने का प्रयास किया। उन्होंने यह देखा कि कैसे सहानुभूति और सामाजिक संबंध व्यक्ति के निर्णयों को दिशा देते हैं। उनके अनुसार समाज एक नैतिक शक्ति बन जाता है, जब वह व्यक्ति को भय और सामाजिक दबाव से नैतिक बनाता है।

---

[२] ईशा वास्यमिदं सर्वं यत्किञ्चिज्जगत्यां जगत। (ईश्वर इस सम्पूर्ण ब्रह्माण्ड और इसकी प्रत्येक वस्तु में निवास करते हैं। ईशा उपनिषद १)

> प्रकृति के सर्वज्ञ रचनाकार ने इसी प्रकार मनुष्य को यह सिखाया है कि वह अपने सहचरों की भावनाओं और निर्णयों का सम्मान करे, उनके द्वारा अपने आचरण की स्वीकृति मिलने पर, अधिक या कम प्रसन्न जरूर हो और अस्वीकृति मिलने पर अधिक या कम आहत अनुभव करे। प्रकृति के नियंता ने मनुष्य को समस्त मानवजाति का तात्कालिक न्यायाधीश बनाया है . . . और उसे यह सिखाया है कि उस पर प्रदत्त इस अधिकार और उसके क्षेत्र को वह स्वीकार करे; जब उसे किसी की निंदा सहनी पड़े तो वह अधिक या कम लज्जित एवं व्यथित जरूर हो, और जब उसे प्रशंसा प्राप्त हो तो अधिक या कम प्रसन्न हो . . . किंतु यद्यपि मनुष्य को इस प्रकार तत्काल न्यायाधीश बना दिया गया है, यह अधिकार केवल प्रथम चरण तक सीमित है; इसके निर्णय की अपील एक उच्चतर न्यायालय में होती है — उनकी अपनी अंतःकरण की अदालत में, उस कल्पित निष्पक्ष और सुबुद्ध दर्शक के समक्ष, उस आंतरिक न्यायाधीश के समक्ष, जो उनके आचरण का परम निर्णायक और विधिपालक है। (टीएमएस III. II. ३०)

एक सदी बाद जर्मन दार्शनिक नीत्शे ने भी इसी परिप्रेक्ष्य में समाज की नैतिक भूमिका पर सवाल उठाया। लेकिन उन्होंने चेताया कि डर और दंड के ज़रिए थोपी गई नैतिकता व्यक्ति की नैतिक स्वतंत्रता और प्रामाणिकता को बाधित करती है। वहीं फ्रांसीसी समाजशास्त्री एमेइल दुर्खाइम ने भी अपने समाजशास्त्रीय अध्ययनों में समाज को एक नैतिक शक्ति के रूप में स्वीकार किया।

स्मिथ के बाद की तमाम दार्शनिक पीढ़ियों ने इस 'निष्पक्ष दर्शक' के विचार को या तो विस्तार दिया या गहराई। लेकिन यह तो स्वयं स्मिथ ही थे जिन्होंने कहा—जब वह हमारे भीतर का अर्द्ध-देव, हमारी अंतरात्मा, सब दर्शकों के विपरीत जाकर हमारे पक्ष में बोलता है, तो वह भी भ्रमित लगता है। जब वह केवल प्रतिष्ठा या निंदा के भावों से संचालित होता है, तब वह अपने दिव्य स्वरूप को खो बैठता है और फिर एक साधारण मानव-मन की तरह व्यवहार करता है—अपने स्वर्गीय मूल की बजाय सांसारिक लाचारियों से बंधा हुआ।

जब हम कोई कार्य करते हैं और हमारे भीतर का वह 'न्यायप्रिय दर्शक'—जो न तो हमारे पक्ष में होता है, न विपक्ष में—उस पर विचार करता है, तो कई बार वह स्वयं भी डर और संकोच से ग्रस्त होकर हमारी ओर झुकता दिखाई देता है। परंतु जब बाहर की दुनिया—वास्तविक दर्शक—हमारे विरुद्ध एकस्वर में कठोर निर्णय देती है, तब यह भीतरी न्यायाधीश भी असमंजस में पड़ जाता है। ऐसे क्षणों में वह भीतर का अर्धदेव—जिसे हम नैतिक विवेक कहते हैं—किसी पुरानी कविता के उस पात्र जैसा प्रतीत होता है, जो आधा अमर है, पर आधा नश्वर भी। जब उसका निर्णय दृढ़ता से नैतिकता के मापदंडों पर टिका होता है, जब वह प्रशंसा योग्य और निंदा योग्य कर्मों के बीच स्पष्ट भेद करता है, तब उसकी दिव्यता झलकती है। पर जब वह किसी अज्ञानी या दुर्बल मनुष्य के मत से हिलने लगता है—जब वह भ्रमित होता है, चौंकता है, और अपने निर्णय को टालता है—तब उसका नश्वर पक्ष उजागर हो जाता है। तब वह एक देवतुल्य विवेक नहीं, बल्कि एक साधारण मनुष्य की तरह व्यवहार करता है—अपने ही मूल में विभाजित, ईश्वर और मनुष्य के बीच झूलता हुआ।(टीएमएस III. II.३२)

५. अदृश्य और निष्पक्ष दृष्टा की भूमिका

एडम स्मिथ के नैतिक दर्शन में 'निष्पक्ष दृष्टा' (Impartial Spectator) एक केंद्रीय पात्र है—एक ऐसा अदृश्य, परंतु गहराई से उपस्थित न्यायाधीश, जो हमारे आचरण का मूल्यांकन करता है, जैसे कि वह स्वयं कोई पक्ष लिए बिना देख रहा हो। स्मिथ मानते हैं कि मनुष्य के भीतर दूसरों के विचारों और अनुभवों को समझने और महसूस करने की एक स्वाभाविक प्रवृत्ति होती है—यही सह-अनुभूति ही सामाजिक सद्भाव और नैतिक निर्णयों की नींव बनती है। लेकिन स्मिथ यह भी जानते थे कि हमारी निजी इच्छाएं और पूर्वाग्रह अक्सर इस नैतिक प्रक्रिया को प्रभावित कर देते हैं।

इसलिए, उन्होंने इस आंतरिक 'दृष्टा' की कल्पना की—जो न हमारी तरह सोचता है, न हमारे विरोधी की तरह, बल्कि जैसे कोई तीसरा, निष्पक्ष प्रेक्षक, जो

केवल नैतिकता के तराजू से तोलता है। जब कोई व्यक्ति अपने कर्मों को इस दृष्टा की आंखों से देखता है, तब उसके भीतर एक संयम उत्पन्न होता है। अपने स्वार्थ की ओर बढ़ते हुए भी वह दूसरों की भलाई, सामाजिक नियमों और सार्वजनिक दृष्टिकोण को ध्यान में रखता है। यही अन्तःकरण, यही विवेकशीलता, समाज को एकजुट और सद्गुणी बनाए रखने में सहायक होती है।

स्मिथ कहते हैं कि यह निष्पक्ष दृष्टा कोई अचानक बन जाने वाली कल्पना नहीं है, इसके निर्माण में सहानुभूति और अनुभव की बड़ी भूमिका है। जब हम दूसरों के स्थान पर स्वयं को रखकर सोचते हैं, तब हम अपनी कल्पनाशक्ति को भी विकसित करते हैं। और जब समाज हमें देख रहा होता है, तब हम अपने व्यवहार में और भी अधिक निष्पक्ष होने का प्रयास करते हैं—क्योंकि तब हमारी भावनाएं हमारे भीतर हावी होती हैं, और हम बाहर से आने वाले निर्णयों की कठोरता को समझते हैं।

> जैसे हमारी आंखों को कोई वस्तु उसकी असली माप से अधिक या कम केवल इस आधार पर लगती है कि वह कितनी दूर या पास है, ठीक वैसे ही नैतिक दृष्टि से किसी स्थिति की वास्तविकता को समझने के लिए हमें 'स्थान-परिवर्तन' करना पड़ता है—यानी कल्पना में स्वयं को ऐसी जगह रखना पड़ता है, जहाँ से हम सभी पक्षों को एकसमान दूरी से देख सकें। तभी हम किसी कार्य की उचितता या अनुपयुक्तता का निष्पक्ष निर्णय कर सकते हैं। (टीएमएस III. III. २)

इस दृष्टा की भूमिका केवल निर्णय लेने तक सीमित नहीं है—यह हमारे भीतर के स्वार्थ को थोड़े कम करके हमें अपने और दूसरों के दृष्टिकोण से परिस्थिति को देखने में मदद करता है। जैसे कि अगर कोई कर्मचारी अक्सर देर से कार्यालय पहुंचता है, तो वह महज़ लापरवाही नहीं हो सकती—बल्कि यातायात या सार्वजनिक परिवहन की अनिश्चितता भी कारण हो सकती है। ऐसे में उस व्यक्ति का उच्च अधिकारी, जो स्वयं निजी वाहन से आता है, को यह समझना चाहिए। कई श्रमिकों के लिए कैंटीन का खाना एकमात्र अच्छा भोजन

होता है—तो उनके उच्च अधिकारी का यह कर्तव्य होना चाहिए कि उस भोजन का मूल्य और गुणवत्ता पर विशेष ध्यान दिया जाए। यह समझ तभी संभव है, जब हम उस निष्पक्ष दृष्टा की आंखों से परिस्थितियों को देखें।

६. यथास्थिति के अनुकूल न्यायदृष्टि

यह निष्पक्ष दृष्टा किसी न्यायालय के न्यायाधीश की तरह होता है—जो दोनों पक्षों से अछूता, किंतु दोनों की बातों को समान दृष्टि से समझने का प्रयास करता है। यह विचार मात्र किसी व्यक्ति की कल्पना नहीं, बल्कि सामाजिक और सांस्कृतिक नियमों की ऐतिहासिक यात्रा का परिणाम है। पहले हम समाज या संस्कृति के भीतर एक 'सामाजिक दृष्टा' को स्थापित करते हैं, जो उस समाज की भावना और नियमों को परखता है। पर धीरे-धीरे यही दृष्टा, एक 'सार्वभौमिक दृष्टा' में रूपांतरित होता है—जो किसी एक संस्कृति से ऊपर उठकर समस्त मानवता की ओर देखने लगता है।

स्मिथ मानते हैं कि अपने और दूसरों के आचरण का तुलनात्मक चिंतन हमें एक नैतिक चरित्र की ओर ले जाता है, जो केवल स्वयं के हित में ही नहीं, बल्कि समाज के कल्याण में भी योगदान देता है। पर सवाल यह है कि—कौन बनता है यह निष्पक्ष दृष्टा? कौन समाज के नियम बनाता है? कौन तय करता है कि क्या उचित है और क्या अनुचित?

> इन प्रश्नों के उत्तर केवल मानदंडों, नियमों या मूल्यों की विविधता में नहीं, बल्कि उन व्याख्याओं और सिद्धांतों में भी हैं जिनसे हम इनका मूल्यांकन करते हैं। कभी-कभी संस्कृति वह भी जायज़ ठहरा देती है, जो नैतिक दृष्टि से घोर अनुचित हो। जैसे स्मिथ उदाहरण देते हैं कि प्राचीन यूनान, यहां तक कि सभ्य माने जाने वाले एथेंस जैसे नगरों में नवजात शिशुओं की हत्या एक स्वीकृत सामाजिक परंपरा थी—अगर माता-पिता को बच्चे का पालन-पोषण कठिन लगता था, तो उसे भूख या जानवरों के हवाले छोड़ देना किसी अपराध के रूप में नहीं देखा जाता था। इससे बड़ा अमानवीय व्यवहार क्या हो सकता है? और फिर भी, वह सभ्यताओं में मान्य था। (टीएमएस V. २. १४-१५)

इसलिए सवाल उठता है—क्या ऐसी किसी सार्वभौमिक दृष्टा की कल्पना की जा सकती है जो इन सामाजिक पक्षपातों से ऊपर उठे? क्या कोई ऐसा विवेक संभव है जो सभी समाजों और संस्कृतियों को एक ही नैतिक तराजू में तौल सके? स्मिथ कहते हैं—हां, यह आत्मा की वह पुकार है, जो हर मनुष्य में जन्म से उपस्थित होती है। यह वह आत्म-प्रेक्षण है, जो अपने और दूसरों के आचरण को देख-देखकर धीरे-धीरे एक निष्पक्ष न्यायाधीश का स्वरूप ग्रहण करता है। यह निर्माण धीमा है, अनुभव आधारित है, और हर किसी में अलग-अलग सटीकता के साथ होता है—यह इस बात पर निर्भर करता है कि किसी ने अपने अवलोकनों को कितनी गहराई से देखा और समझा।

> हर व्यक्ति के अंतर्मन में एक सूक्ष्म चेतना धीरे-धीरे आकार लेती है—एक ऐसी धारणात्मक आकृति, जो स्वयं के और दूसरों के आचरण का वह परिणाम है, जिसे उसने वर्षों तक अपने अनुभव, निरीक्षण और आत्ममंथन के माध्यम से संजोया है। यह चेतना कोई साधारण भाव नहीं, बल्कि हृदय में विराजमान एक दिव्य अर्धदेव की मौन और निरंतर क्रियाशील उपस्थिति है—जो सही और गलत के बीच निर्णय का संतुलन साधता है। यह नैतिक प्रतिमान हर मनुष्य में भिन्न-भिन्न रूपों में अंकित होता है—कभी तीव्र और चमकता हुआ, कभी धुंधला और अस्फुट। इसकी स्पष्टता इस बात पर निर्भर करती है कि उस व्यक्ति ने अपने अनुभवों को कितनी संवेदनशीलता से देखा, और उनके निष्कर्ष को आत्मा की तूलिका से कितनी निष्ठा और एकाग्रता के साथ चित्रित किया। यह न्यायशील धारा कोई त्वरित प्रतिक्रिया नहीं, बल्कि एक गहरी अंतःप्रक्रिया है—जो जीवन की राह पर धीरे-धीरे उभरती है, आत्मा के भीतर एक अदृश्य नक्शे की भाँति। (टीएमएस VI. III. २५)

स्मिथ की *निष्पक्ष दृष्टा* की कल्पना न तो किसी पक्ष की जानकारी और परिस्थितियों के आधार पर किया गया कोई समझौता है, और न ही यह किसी नई जानकारी के मिलने पर बार-बार अपनी राय बदलने की अनिश्चित प्रक्रिया

है। स्मिथ स्पष्ट रूप से यह प्रतिपादित करते हैं कि इस दृष्टिकोण का मूल केंद्र **नैतिक तटस्थता** है—एक ऐसा विवेक जो किसी भी व्यक्तिगत पक्षधरता से परे, समता और न्याय के धरातल पर स्थित है। और यहीं पर यह विचार अपने सबसे सुंदर रूप में प्रकट होता है—कि हर परिस्थिति के लिए अलग जानकारी की आवश्यकता होती है, और यह किसी सिद्धांत की कमजोरी नहीं, बल्कि उसकी गहराई को दर्शाती है।

७. निष्कर्ष – ना तो अंधानुकरण हो, ना ही हठधर्मिता

स्मिथ का निष्पक्ष दृष्टा का सिद्धांत हमें सामाजिक पक्षपातों से परे देखने की दृष्टि देता है और ऐसे सार्वभौमिक नियमों के निर्माण की ओर ले जाता है जो सभी के लिए न्यायसंगत हों। परंतु यह चेतना कि हमें देखा जा रहा है, जहाँ एक ओर लोगों के आचरण को सुधारती है, वहीं दूसरी ओर उन्हें रूढ़िवादी भी बना सकती है और नवाचार की राह में अवरोध भी उत्पन्न कर सकती है। इस संदर्भ में स्मिथ की निष्पक्ष दृष्टा की अवधारणा एक मध्य मार्ग प्रस्तुत करती है—एक ऐसा मार्ग जहाँ हर क्रिया या अकर्म के भीतर निरंतर मूल्यांकन की प्रक्रिया चलती रहती है। यह न तो स्थानीय मानदंडों को पूरी तरह नकारती है और न ही उन्हें निरंकुश रूप से स्वीकारती है, बल्कि उनके प्रभाव को सीमित करते हुए यह सुनिश्चित करती है कि वे निर्णय सबके हित और दृष्टिकोण के प्रति सम्मान पर आधारित हों।

स्मिथ ने 'मान्यता पाने की इच्छा' और 'प्रिय बनने की आकांक्षा' के बीच का अंतर स्पष्ट किया है। यह अंतर मूलतः मानव प्रेरणाओं और नैतिक विकास की समझ से जुड़ा है। केवल मान्यता पाने की इच्छा का अर्थ है – बाहरी स्वीकृति की चाह, जो अक्सर सतही सामाजिक नियमों के पालन से जुड़ी होती है, बिना उस स्वीकृति के पीछे छिपे मूल्य या आदर्शों को समझे। यह प्रवृत्ति व्यक्ति को अपने नैतिक मूल्यों से समझौता करने को बाध्य कर सकती है, जिससे उसका व्यवहार दिखावटी हो जाता है।

इसके विपरीत, जो लोग प्रिय बनने की आकांक्षा रखते हैं, वे भीतर से यह प्रयास करते हैं कि उनका आचरण नैतिक रूप से सही हो, भले ही वह तत्काल

लोकप्रिय न हो। वे आदर्शों के प्रति प्रतिबद्ध रहते हुए दूसरों को प्रसन्न करना चाहते हैं क्योंकि उनके लिए नैतिक उत्कृष्टता और सम्मान के योग्य बनना ही वास्तविक उपलब्धि है। दोनों इच्छाएँ सामाजिक स्वीकृति से जुड़ी हो सकती हैं, परंतु अंतर इस बात में है कि कौन-सी प्रवृत्ति नैतिक अंतःकरण से प्रेरित है और कौन-सी बाह्य प्रभावों से।

भारतीय दर्शन में 'श्रेयस' और 'प्रेयस' की अवधारणाएँ इसी द्वंद्व को संबोधित करती हैं। कई बार जो सुखद प्रतीत होता है – प्रेयस, वह दीर्घकालिक दृष्टि से हितकर नहीं होता; वहीं, जो कष्टप्रद प्रतीत होता है – श्रेयस, वही वास्तव में कल्याणकारी होता है।[३] जीवन ऐसे ही चुनावों से बना है—आकर्षक और उपयोगी के बीच चुनाव। बुद्धिमान वही है जो हितकारी को चुनता है, चाहे वह तत्काल कठिनाई लाए, जबकि अज्ञानी केवल आकर्षण के पीछे भागता है, चाहे वह विनाशकारी क्यों न हो।

नैतिक रूप से परिपक्व और आत्मनिर्भर बनना अक्सर 'प्रिय बनने की आकांक्षा' से जुड़ा होता है। इसका अर्थ होता है—अपने आचरण और निर्णयों के प्रति जिम्मेदारी लेना, अपने अंतःकरण के अनुसार जीना, और दूसरों को भी सही दिशा दिखाना, बजाय इसके कि केवल उनकी स्वीकृति प्राप्त करने का प्रयास किया जाए।

आज के संदर्भ में 'श्रेयस' और 'प्रेयस' की यह बहस और भी प्रासंगिक हो जाती है। 'श्रेयस' उन निर्णयों और कार्यों को दर्शाता है जो न्याय, निष्पक्षता और नैतिकता पर आधारित होते हैं। वे तुरंत सुखद भले न हों, परंतु दीर्घकालिक रूप से व्यक्ति और समाज दोनों के लिए हितकारी होते हैं। जैसे—समुदाय के लिए बलिदान देना, कठिनाइयों से जूझना, सतत् शिक्षा प्राप्त करना, स्वास्थ्य-संबंधी सावधानियाँ अपनाना या अनुशासित जीवन जीना—ये सभी कार्य तात्कालिक रूप से चुनौतीपूर्ण हो सकते हैं, परंतु उनके परिणाम स्थायी और कल्याणकारी

---

[३] श्रेयश्च प्रेयश्च मनुष्यमेतस्तौ सम्परीत्य विविनक्तिः धीरः। श्रेयो हि धीरोऽभि प्रेयसो वृणीते प्रेयो मन्दो योगक्षेमाद्णीते (दृढ़ निश्चयी व्यक्ति अच्छे और प्रिय दोनों में अंतर करता है। निष्क्रियता दो प्रकार की होती है - संयमी व्यक्ति प्रिय की भलाई चाहता है और आलसी व्यक्ति प्रिय की सुरक्षा चाहता है। कठोपनिषद १. २. २)

होते हैं। इसके विपरीत, मनोरंजन या सुविधा की ओर झुकाव—प्रेयस—तुरंत आनंद दे सकता है, पर यदि उसे ही जीवन की दिशा बना लिया जाए तो यह पतन का कारण बन सकता है।

सोशल मीडिया पर गंभीर विषयों पर चर्चा करने की अपेक्षा मनोरंजक सामग्री में डूब जाना, इसी प्रेयस प्रवृत्ति का एक उदाहरण हो सकता है। इसलिए यह समझना अत्यावश्यक है कि सुख और हित में क्या अंतर है, और किस स्थिति में कौन-सा मार्ग चुनना चाहिए।

इस द्वंद्व को सुलझाने का कार्य निष्पक्ष दृष्टा करता है। वह व्यक्ति को केवल अपने सुख या लाभ तक सीमित नहीं रखता, बल्कि 'सर्वजन हिताय, सर्वजन सुखाय' की ओर प्रेरित करता है—एक ऐसा दृष्टिकोण जिसमें व्यक्ति अपने निर्णयों में व्यापक मानवीय कल्याण को प्राथमिकता देता है, न कि केवल निजी हित को।

अध्याय ३

मानव स्वभाव

१. त्रैतीय अस्तित्व

मानव स्वभाव एक ऐसा व्यापक शब्द है जो उन मौलिक गुणों, विशेषताओं और व्यवहारिक प्रवृत्तियों का समावेश करता है जो सभी मनुष्यों में समान रूप से पाई जाती हैं। यह उन प्रवृत्तियों और प्रतिक्रियाओं को दर्शाता है जो संस्कृति, समाज या व्यक्तिगत अंतर से परे, हर मनुष्य में किसी न किसी रूप में विद्यमान रहती हैं। यह अवधारणा अक्सर यह समझाने में सहायक होती है कि मनुष्य विशेष परिस्थितियों में किस प्रकार व्यवहार करता है, किस प्रकार के निर्णय लेता है और क्यों कुछ निश्चित भावनाओं का अनुभव करता है।

भारत में मनुष्य को एक त्रैतीय अस्तित्व के रूप में समझा जाता है—एक ऐसा जीव जिसमें तीन घटक एक साथ कार्य करते हैं: शरीर, आत्मा और आत्मन्। बाइबिल में भी मनुष्य को आत्मा, आत्मा का स्वरूप और शरीर के रूप में वर्णित किया गया है (१ थिस्सलुनीकियों ५:२३)। शरीर वह स्थूल रूप है जो दृश्य है। आत्मा वह है जो हम वास्तव में हैं। और आत्मन् वह है जो अविनाशी है—मनुष्य का शाश्वत स्वरूप।

जब हम मानव स्वभाव पर चर्चा करते हैं, तो विषय नैतिकता, भावनाएं, चिंतनशीलता, सामाजिक व्यवहार और जन्मजात प्रवृत्तियों तक फैल जाता है। मनुष्य के स्वभाव का विश्लेषण उसके मन के गुणों, उसके सामाजिक आचरण और उसके कर्मों पर आधारित होता है। मनुष्य को इन्हीं तीनों पहलुओं के आधार

पर समझा जाता है—वह क्या सोचता है, दूसरों से कैसे जुड़ता है, और वह क्या करता है।

स्मिथ के मानव स्वभाव की समझ का केंद्र है—स्वार्थ और व्यक्तिगत लाभ की आकांक्षा। लेकिन स्वार्थ मात्र एक साधारण प्रवृत्ति नहीं, बल्कि इच्छाओं, भावनाओं और सामाजिक प्रभावों का एक जटिल ताना-बाना है जो मानव व्यवहार को दिशा देता है। यह विचार कि मनुष्य के व्यवहार में अनेक परतें होती हैं, स्कॉटिश इतिहास में गहराई से रचा-बसा है।

२. ऐतिहासिक पृष्ठभूमि

दूसरे सहस्राब्दी के दौरान, स्कॉटलैंड का अतीत इंग्लैंड के साथ हुए संघर्षों से भरा हुआ था—जैसे कि स्कॉटिश स्वतंत्रता युद्ध। १३१४ की बैनॉकबर्न की निर्णायक विजय के बाद स्कॉटलैंड को अंग्रेज़ी शासन से स्वतंत्रता मिली। १६०३ में स्कॉटलैंड के राजा जेम्स VI ने इंग्लैंड का ताज भी ग्रहण किया, और वे इंग्लैंड और स्कॉटलैंड—दोनों के राजा बने। इसे 'मुकुटों का एकीकरण' कहा गया, जिसमें दोनों देश एक ही सम्राट के अधीन आए, किंतु उनके अपने-अपने संसद बने रहे। १७०७ में इंग्लैंड और स्कॉटलैंड की संसदों का विलय हुआ और यूनाइटेड किंगडम ऑफ ग्रेट ब्रिटेन की स्थापना हुई।

एडम स्मिथ के समय में, ब्रिटेन और विशेषकर स्कॉटलैंड में व्यापक गति से औद्योगीकरण हो रहा था और शिक्षा के क्षेत्र में बड़ी प्रगति हो रही थी। विक्टोरियन युग, जो १८३७ से १९०१ तक चला और रानी विक्टोरिया के शासनकाल में आया, स्कॉटलैंड के बौद्धिक और सांस्कृतिक योगदान के लिए एक स्वर्णिम काल था। वाल्टर स्कॉट, रॉबर्ट बर्न्स, और डेविड ह्यूम जैसे लोगों ने साहित्य, कविता और दर्शन के क्षेत्र में अमिट छाप छोड़ी।

एडिनबरा और ग्लासगो जैसे विश्वविद्यालय स्कॉटिश ज्ञानोदय (Scottish Enlightenment) के केंद्र बन गए थे। ये संस्थान यूरोप के छात्रों और विद्वानों को आकर्षित करते थे, और एक अत्यंत प्रेरक बौद्धिक वातावरण का निर्माण करते थे। यहाँ अनुभव आधारित जिज्ञासा, आलोचनात्मक चिंतन और

अंतःविषयी सहयोग को बहुत महत्व दिया गया, जिसके परिणामस्वरूप कई महान बौद्धिक उपलब्धियाँ संभव हो सकीं।

३. डेविड ह्यूम का मानव स्वभाव पर दृष्टिकोण

डेविड ह्यूम स्कॉटिश ज्ञानोदय के प्रमुख स्तंभों में से एक थे। एडम स्मिथ, जो ह्यूम से १२ वर्ष छोटे थे, उन्हें अत्यंत मानते थे और उनके कई दार्शनिक विचारों से सहमत थे। स्मिथ और ह्यूम के बीच वर्षों तक गहरी मित्रता रही। वे नियमित रूप से पत्रों के माध्यम से संवाद करते थे और राजनीति, अर्थशास्त्र तथा दर्शन पर विचार-विमर्श करते थे। ह्यूम की critical empiricism—अर्थात अनुभव और अवलोकन से सीखने की धारणा—ने स्मिथ के चिंतन पर गहरा प्रभाव डाला। ह्यूम उन मतों पर प्रश्न उठाते थे जो वैज्ञानिकों की धारणाओं या शासकों के कथनों पर आधारित होते थे। उनका मानना था कि लोग तर्क से अधिक अपनी भावनाओं के अनुसार व्यवहार करते हैं—और यही सोच स्मिथ के दर्शन को दिशा देती है।

ह्यूम और स्मिथ दोनों ने प्रत्यक्ष अनुभव और अवलोकन के माध्यम से संसार को समझने की आवश्यकता पर बल दिया। विशेषकर ह्यूम ने 'स्व' और 'कारण' जैसी पारंपरिक तत्वमीमांसीय अवधारणाओं पर प्रश्न उठाया और यह सिद्ध किया कि हमारी अधिकांश मान्यताएं अनुभवजन्य हैं। हालांकि स्मिथ के संदेह इतने तीव्र नहीं थे—वे देखने और नैतिकता के बीच संतुलन बनाने का प्रयास करते थे। ह्यूम का विश्वास था कि मनुष्य की सोच से अधिक उसकी भावनाएं उसके निर्णयों को संचालित करती हैं। दार्शनिक रूप से ह्यूम और स्मिथ की दृष्टि में साम्यता थी—अंतर केवल सामाजिक पृष्ठभूमि का था: स्मिथ अधिक व्यावहारिक थे, जबकि ह्यूम एक कुलीन परिवार से थे और दार्शनिक बनना चाहते थे।

ह्यूम ने अपनी पुस्तकें "A Treatise of Human Nature" और "An Enquiry Concerning the Principles of Morals" में अपनी नैतिक दृष्टिकोण को विस्तार से प्रस्तुत किया। उन्होंने इस बात पर ज़ोर

दिया कि नैतिक निर्णयों में भावनाओं और इच्छाओं की भूमिका निर्णायक होती है। १७३९ और १७४० के बीच तीन भागों में प्रकाशित यह ग्रंथ—"Treatise"—पश्चिमी जगत की सबसे महत्वपूर्ण दार्शनिक कृतियों में से एक मानी जाती है। इस पुस्तक में ह्यूम ने ज्ञान, नैतिकता और सौंदर्य तक सभी पहलुओं को समाहित करते हुए मानव स्वभाव की समग्र व्याख्या करने का प्रयास किया।

ह्यूम के अनुसार, समस्त ज्ञान इंद्रियों के अनुभव से आता है। हमारी इंद्रियां हमें वह जानकारी देती हैं जो विचारों का निर्माण करती है। जो अनुभव तेज और जीवंत होते हैं, वे हमारी भावनाओं को रंग देते हैं। ह्यूम ने 'associationism' की अवधारणा को भी विकसित किया—जो बताती है कि कैसे एक विचार दूसरे को जन्म देता है और विचार कैसे विकसित होते हैं। उन्होंने तीन नियमों को चिन्हित किया जो हमारी मानसिक प्रक्रियाओं को संचालित करते हैं: समानता, क्रम (स्थान या समय में निकटता), और कारण-प्रभाव का संबंध। यही नियम यह तय करते हैं कि विचार कैसे आपस में जुड़े रहते हैं।

एक अनुभववादी के रूप में ह्यूम पारंपरिक दार्शनिक मान्यताओं—जैसे कारण और प्रभाव, आत्मिक पहचान या 'स्व'—पर अविश्वास करते थे। उनका मानना था कि नैतिक भिन्नताएं तर्क नहीं बल्कि हमारी स्वाभाविक भावनाओं—स्वीकृति या अस्वीकृति—पर आधारित होती हैं। हम जिन बातों को सच मानते हैं, उनमें से बहुत कुछ केवल इसलिए मानते हैं क्योंकि किसी ने हमें बताया। और अधिकतर निर्णय भी तथ्यों पर नहीं, बल्कि भावनाओं पर आधारित होते हैं—कि क्या हमें कोई बात सुख देती है या दुख। इसलिए हर युग में लोग प्राचीन सत्यों से दूर होते जा रहे हैं।

ह्यूम का मानना था कि नैतिक व्यवहार इस बात पर आधारित होना चाहिए कि कोई व्यक्ति समाज के लिए कितना उपयोगी और प्रिय हो सकता है। उनके अनुसार, वे कर्म जो नैतिक रूप से श्रेष्ठ माने जाते हैं, समाज को सहज रूप से अधिक सुखी बनाते हैं। जब लोग इस तरह जीवन जीते हैं, तो वे स्वाभाविक रूप से दूसरों की भावनाओं और अनुभवों को समझने लगते हैं। यह उन्हें उन कार्यों के समर्थन में खड़ा करता है जो दूसरों को आनंद देते हैं और उन कार्यों के विरोध

में लाता है जो दूसरों को कष्ट पहुंचाते हैं। इस प्रकार समाज स्वतः ही एक दिशा में गतिशील हो जाता है। निस्संदेह, समाज के भीतर कुछ छोटे समूह उभरते हैं जिनकी 'सामूहिक स्वीकार्यता' की परिभाषा अलग होती है।

४. स्मिथ का मानव स्वभाव पर दृष्टिकोण

ह्यूम की यह धारणा कि मनुष्य प्रेम और सामाजिक स्वीकृति की भावना से प्रेरित होकर कार्य करता है, स्मिथ के विचारों की नींव बनी। उन्होंने इस भावनात्मक जुड़ाव और सामाजिक संपर्क को नैतिक मानदंडों के विकास में अनिवार्य माना। साथ ही उन्होंने ह्यूम के सार्वजनिक व्यवहार संबंधी विचारों का सहारा लेकर यह बताया कि लोग एक-दूसरे के साथ कैसे व्यापार करते हैं। दोनों का मत था कि समाज की उन्नति के लिए व्यापार और विशेषीकरण अत्यंत आवश्यक हैं।

स्मिथ के अनुसार, मनुष्य की सबसे बड़ी चिंता है—पतन या अधोगति का भय। वे स्वाभाविक रूप से ऐसे कार्यों से बचते हैं जो अनुचित हों। मृत्यु का भय तो हर किसी को होता है। यही भय उन्हें जीवन में कार्य करने, भोजन की व्यवस्था करने, बीमारी से बचने, परिवार बनाने, समाज में रहने और अपने घरों की सुरक्षा करने के लिए प्रेरित करता है। यह सुरक्षा ही है जिसके लिए उन्हें श्रम करना और धन अर्जित करना पड़ता है। विद्यालयों का उद्देश्य भी यही है—बच्चों को यही सिखाना कि कैसे वे अच्छे और उत्पादक नागरिक बनें।

> "हमारे अपने अंत की पूर्वकल्पना हमें इतनी भयानक लगती है कि वे स्थितियाँ जो मृत्यु के पश्चात हमें कोई कष्ट नहीं पहुँचा सकतीं, जीवित रहते हुए हमें व्यथित कर देती हैं। यही मृत्यु का भय मानव स्वभाव के सबसे महत्वपूर्ण सिद्धांतों में से एक है—सुख का विष, परंतु अन्याय पर सबसे बड़ा अंकुश; जो व्यक्ति को दुःख देता है, परंतु समाज की रक्षा करता है।" (टीएमएस I.I.१३)

मनुष्य एक-दूसरे पर निर्भर होते हैं—यह आवश्यकता से उपजता है। अन्य जीवों की तुलना में मानव शिशु दुर्बल पैदा होते हैं, उन्हें वर्षों तक भोजन, सुरक्षा और शिक्षा की आवश्यकता होती है। जैसे-जैसे शिशु बढ़ता है, वह माँगना,

समझाना, प्रतिक्रिया देना सीखता है। सबको पता होता है कि विनम्र होना आवश्यक है, परंतु यह विनम्रता हर व्यक्ति में अलग ढंग से प्रकट होती है। प्रकृति और परिवेश के कारण प्रत्येक बालक अलग ढंग से विकसित होता है—यहाँ तक कि जुड़वाँ शिशु भी बिना किसी बाहरी प्रभाव के अलग ढंग से व्यवहार कर सकते हैं। यह दिखाता है कि जन्म के समय ही मनुष्यों में अंतर होता है, परंतु वे अंतर परिवेश द्वारा परिवर्तित भी हो सकते हैं।

> "अन्य के लिए अधिक और अपने लिए कम अनुभव करना, अपनी स्वार्थी प्रवृत्तियों को रोकना और परोपकारी भावनाओं को पुष्ट करना—यही मानव स्वभाव की परिपूर्णता है; और यही वह सामंजस्य है जो मानवता को शोभायमान बनाता है।" (टीएमएस I.V.५)

स्मिथ की पहली महत्वपूर्ण धारणा है—स्वयं की देखभाल करना, जिसे लोग प्रायः 'स्वार्थ' कहकर गलत समझते हैं। पर क्या स्वस्थ और सक्षम होना जीवन की अनिवार्य शर्त नहीं है? माता-पिता और शिक्षक कठोर भले लगें, पर वे बच्चों को उनके हित की बात ही सिखा रहे होते हैं। समाज तभी उत्तम बनता है जब हर व्यक्ति अपनी आवश्यकताओं की चिंता करे।

> "हर मनुष्य को स्वभावतः सबसे पहले और मुख्यतः अपनी देखभाल सौपी गई है, और वह स्वयं की देखभाल दूसरों की तुलना में बेहतर कर सकता है—इसलिए यह उचित है कि उसे अपने मामलों में अधिक रुचि हो। किसी अपरिचित की मृत्यु का समाचार हमें जितना कम व्यथित करता है, उससे कहीं अधिक किसी तुच्छ सी घटना से जो हमारे साथ घटती है, हमारा चैन छिन सकता है।" (टीएमएस II.II.१)

स्व-देखभाल दुनिया की सेवा का आधार बन सकती है। जब हम मानसिक, भावनात्मक, शारीरिक और आध्यात्मिक रूप से स्वयं को संभालते हैं, तभी हम समाज के लिए उपयोगी बन पाते हैं। यह हमें लचीलापन, करुणा और ऊर्जा

प्रदान करता है जिससे हम जीवन की कठिनाइयों का सामना कर सकें और अपने समुदाय को कुछ सार्थक दे सकें। स्वयं पर करुणा दिखाने और आत्म-जागरूकता रखने से हम दूसरों के साथ भी वैसा ही व्यवहार कर पाते हैं—एक सहानुभूतिपूर्ण संस्कृति का निर्माण करते हैं।

५. न कोई पूर्ण है, न पूर्णता संभव है

ह्यूम की दूसरी महत्वपूर्ण खोज थी—त्रुटिपूर्ण होना ही मनुष्य होने का स्वभाव है। हम सब किसी न किसी रूप में टूटे हुए हैं। यही दोष हमें विशिष्ट बनाते हैं। इन्हीं कमियों के साथ हम अपने लक्ष्य की ओर बढ़ते हैं—समष्टि और व्यष्टि, दोनों ही स्तरों पर। मानव शरीर और मस्तिष्क में अनेक त्रुटियाँ हो सकती हैं जो सामाजिक प्रगति को बाधित करती हैं, पर यही त्रुटियाँ विज्ञान को आगे ले जाती हैं और प्रकृति की गहराई को समझने में सहायक बनती हैं।

जीवन का अर्थ अनुभवों से उपजता है। जीवन के नकारात्मक पक्षों की अनदेखी कर केवल अच्छाई की छवि बनाना सतही प्रयास है। एक आदर्श जीवन जीने की चाह—स्वयं की अच्छाइयों से मोह और दोषों से पलायन—दरअसल एक कृत्रिम जीवन को जन्म देती है। अपने यथार्थ को स्वीकार करना और उसके अनुरूप कर्म करना ही सच्चा जीवन है। जो गरीब हैं उन्हें मेहनत करनी होगी, जो समृद्ध हैं उन्हें अपनी संपत्ति का एक हिस्सा समाजहित में लगाना चाहिए।

> “प्रकृति ने जब मानव के हृदय में इस असंगति के बीज बोए, तो उसका उद्देश्य भी मनुष्य की प्रसन्नता और पूर्णता ही था ... वे कार्य जो वास्तविक बुराई लाते हैं या उसका प्रयास करते हैं—उन्हीं को मनुष्य का क्रोध और दंड मिलना चाहिए ... प्रकृति के प्रत्येक भाग में, जब ध्यानपूर्वक देखा जाए, तो उसके रचयिता की करुणा और बुद्धिमत्ता स्पष्ट दिखती है—even in the weakness and folly of man.” (टीएमएस II.III.२)

त्रुटियों को स्वीकार कर, जीवन को जैसा है वैसे अपनाकर, और कर्मशील बनकर आगे बढ़ना—यही ‘कर्मयोग’ की भारतीय अवधारणा है और अरस्तू के

'प्राक्सिस' की भी। ये दोनों ही विचार इस बात पर बल देते हैं कि नैतिक रूप से श्रेष्ठ कर्म करते हुए जीवन को साकार करना ही मनुष्यता का सार है। स्मिथ का भी यही मानना है कि मनुष्य क्रियाशील प्राणी है—उसे सच्चा सुख, अर्थ और उद्देश्य क्रियाओं में ही मिलता है।

> "मनुष्य कर्म के लिए बना है, और उसे अपने गुणों के माध्यम से अपने तथा दूसरों के जीवन में उन परिवर्तनों को लाने के लिए प्रेरित किया गया है जो सभी के सुख के लिए उपयुक्त हों ... प्रकृति ने उसे सिखाया है कि जब तक वह वास्तव में ऐसे कर्म न करे, न तो स्वयं संतुष्ट हो सकता है, न ही समाज से प्रशंसा प्राप्त कर सकता है।" (टीएमएस II.III.३)

मनुष्य की क्रियाशीलता के पीछे प्रेरणा का मूल उसकी इच्छा होती है—किसी वस्तु, अनुभव या व्यक्ति की ओर आकृष्ट होना या उससे दूर भागना। यह बौद्ध विचारधारा के अष्ट लोकधर्म के तुल्य है—जहाँ चार द्वंद्वों की बात होती है:

१. लाभ और हानि,
२. सुख और दुःख,
३. प्रशंसा और आलोचना,
४. यश और अपयश।

बौद्ध शिक्षा कहती है कि इन सबके प्रति आसक्ति दुःख का कारण बनती है, क्योंकि ये क्षणिक हैं। सच्चा शांति प्राप्त करने के लिए समता, वैराग्य और निरासक्ति को साधना होता है।

> "प्रकृति ने जब मानव को सामाजिक प्राणी बनाया, तो उसमें दूसरों को प्रसन्न करने की मूल प्रवृत्ति और अप्रसन्न करने की मूल विरक्ति डाली। दूसरों की स्वीकृति से उसे सुख मिलता है और अस्वीकृति से पीड़ा।" (टीएमएस III.II.६)

स्मिथ कहते हैं कि 'तर्क' ही वह विशेषता है जो जीवन के अंतर्विरोधों से गुजरते हुए मनुष्य का मार्गदर्शन करती है। तर्क, यानि विवेक और कारण, निर्णयों में आधार बनता है। यह हमें विकल्पों का मूल्यांकन करने, समस्याएँ सुलझाने, और जटिल स्थितियों में विवेकपूर्ण निर्णय लेने में सहायता करता है।

> "जब हमारी निष्क्रिय भावनाएँ इतनी आत्मकेंद्रित और तुच्छ होती हैं, तो हमारी सक्रिय प्रवृत्तियाँ इतनी उदार और महान कैसे हो जाती हैं? जब हम स्वयं की चिंता में इतने डूबे होते हैं, तब दूसरों के हित में अपने स्वार्थ को बलिदान करने की शक्ति कहाँ से आती है? यह मानवीय कोमलता नहीं, न ही वह कमजोर दया है जिसे प्रकृति ने हमारे हृदय में प्रज्वलित किया है, बल्कि यह है—विवेक, सिद्धांत, अंतःकरण, जो हमारे भीतर का न्यायाधीश और हमारे आचरण का मार्गदर्शक है।" (टीएमएस III.III.४)

परंतु जब विवेक भावनाओं या अंतर्ज्ञान से टकरा जाए तब क्या किया जाए? भावना तत्काल संकेत देती है, अंतःप्रज्ञा हमारे अवचेतन अनुभवों का निचोड़ होती है, और तर्क तथ्यों और अनुक्रम पर आधारित निर्णयों की ओर ले जाता है। हालांकि, तर्क की परिभाषा भी समाज, संस्कृति और व्यक्ति के अनुसार बदल सकती है। यही वह संतुलन है जो मानव व्यवहार और निर्णयों को आकार देता है—जटिलताओं से निपटने का आधार बनता है।

६. हम विवेकहीन क्यों होते हैं?

आदमी खुद से झूठ बोलता है—यह कोई असामान्य बात नहीं, बल्कि इंसान होने का एक सहज गुण है। हम अक्सर अपने विश्वास, सोच या आचरण को बचाए रखने के लिए सच्चाई को मोड़ लेते हैं जब वो हमारे हित में न हो। असुविधाजनक सचों से आँखें मूंद लेना, या अपनी गलती के लिए खुद को मनाना, यह सब आत्म-प्रवंचना के ही रूप हैं।

हम अपने ही आचरण को देखकर अपने चरित्र की राय बनाते हैं। और अपने बारे में बुरा सोचना इतना असहज होता है कि हम जान-बूझकर उन बातों

की ओर नज़र नहीं डालते जो हमारी उस राय को नकार सकती हैं। जैसे, वह सर्जन बड़ा साहसी होता है जिसका हाथ तब भी न कांपे जब वह खुद पर ही ऑपरेशन कर रहा हो; वैसे ही साहस चाहिए उस आत्म-वंचना के आवरण को हटाने में जो हमारी अपनी ही कमियों को छिपाए रखता है। यह आत्म-प्रवंचना ही है, यह दुर्बलता, जो मानवीय जीवन की आधी उलझनों की जड़ है। अगर हम खुद को वैसे देख पाते जैसे अन्य लोग हमें देखते हैं—या वैसे जैसे वे हमें देख पाते अगर उन्हें सब कुछ पता होता—तो अपने में सुधार अनिवार्य हो जाता। उस स्थिति को सह पाना कठिन होता।

स्मिथ मानते हैं कि एक और गहरी मानवीय प्रवृत्ति है—जिज्ञासा। यह उतनी ही प्रबल और अनियंत्रित होती है जितनी कोई भी और प्रवृत्ति।

दूसरों की वास्तविक भावनाओं को जानने की इच्छा इतनी तीव्र होती है कि यह एक अशोभनीय टोह लेने वाली जिज्ञासा बन जाती है—जहाँ हम दूसरों के उन रहस्यों में झाँकना चाहते हैं जिनका छिपा रहना उचित होता है। कई बार यह जिज्ञासा इतनी बेलगाम हो जाती है कि उसे सीमित करने के लिए विवेक और शील की सख्त जरूरत होती है। और जब यह जिज्ञासा अपने मर्यादित रूप में होती है, तो उसकी अनदेखी करना भी एक असहनीय अनुभव बन जाता है।

पेंडोरा के बक्से की कथा स्मिथ ने नहीं कही, पर वह इस बात को सबसे अच्छा चित्रित करती है। यूनानी पुराणों में, देवताओं ने पहली स्त्री पेंडोरा को एक बक्सा सौंपा और कहा कि उसे कभी न खोलना। लेकिन पेंडोरा अपनी जिज्ञासा पर काबू नहीं रख सकी। उसने बक्सा खोला, और उससे सारी विपत्तियाँ बाहर निकल गईं। जब उसने उसे बंद करना चाहा, तो सब कुछ निकल चुका था—सिवाय आशा के, जो बक्से में बंद रह गई।

यही कारण है कि आज हम एक ऐसे संसार में जीते हैं जहाँ समस्याएँ तो हैं, पर आशा का अभाव है।

७. निष्कर्ष: मनुष्य गलतियों का पुतला है

स्मिथ मानते थे कि हर व्यक्ति का झुकाव अपने स्वार्थ की ओर होता है। लेकिन जब लाखों-करोड़ों लेन-देन और प्रयासों में यह स्वार्थ एकत्र होता है, तो वही

समाज के लिए लाभदायक सिद्ध होता है। सबकी स्वार्थ-प्रेरणा में ही सबकी भलाई छिपी होती है।

लेकिन इसके साथ ही वह यह भी मानते थे कि सहानुभूति और संवेदना भी मानवीय संपर्कों का हिस्सा है। मनुष्य स्वाभाविक रूप से दूसरों की भलाई की परवाह करता है, और यही सामाजिक ताने-बाने को जोड़े रखता है।

मनुष्य के भीतर सतत विकास और प्रगति की चाह स्वाभाविक है—और यह ही चाह उसे नवाचार, उद्यम और आर्थिक उन्नति की दिशा में प्रेरित करती है। लेकिन यही मनुष्य जब अपनी जिज्ञासा पर नियंत्रण नहीं रखता या आत्म-प्रवंचना में लिप्त रहता है, तो यह सब वरदान ही शाप बन जाता है।

पेंडोरा की कथा चेतावनी देती है कि अति-जिज्ञासा हमें अज्ञात दिशाओं में ले जा सकती है। आज के युग में, जहाँ हर हाथ में इंटरनेट और हर जेब में मोबाइल है, वहाँ यह जिज्ञासा सीमाओं को लांघ चुकी है। लोग अब केवल ज्ञान नहीं, दूसरों के रहस्यों, जीवन, और दुःखों तक में घुसपैठ करना चाहते हैं। यह प्रवृत्ति शायद मनोविज्ञान से, समाज से, या मानव स्वभाव से उपजी हो, पर आज यह एक सार्वभौमिक सच्चाई है।

पेंडोरा का बक्सा अब वर्चुअल है—इंटरनेट और सोशल मीडिया के रूप में। जहाँ छोटी-सी जानकारी भी अनजाने नतीजों की श्रृंखला को जन्म देती है। गलत सूचना की तेज़ी से फैलाव ने स्वास्थ्य, राजनीति, और समाज में अविश्वास, भ्रम और विभाजन को जन्म दिया है। लोग समूहों में बंट गए हैं, और संवाद की जगह गूंजने लगे हैं—केवल अपनी ही ध्वनि।

गुमनाम पहचानें और दूरियाँ ऐसी भाषा को जन्म देती हैं जो किसी को आहत कर सकती है—और हम भूल जाते हैं कि हर प्रोफ़ाइल के पीछे भी एक मनुष्य है। इस बक्से से विवेकपूर्ण तरीके से कैसे निपटना है—यह सीखना आज की सबसे ज़रूरी शिक्षा है। विवेक, संवेदना और तथ्यपरक समझ से यह संभव है।

स्मिथ कहते हैं कि हर इंसान में वह गुण होना चाहिए जिसे वह prudence कहते हैं — विवेक और सावधानी। यही वह दीप है, जो अंधकार से भरे रास्तों पर हमें रोशनी दे सकता है।

अध्याय ४

नैतिकता के सिद्धांत

१. तलवार की धार पर

एडम स्मिथ ने कभी यह नहीं कहा कि क्या सही है और क्या गलत और न ही उन्होंने कोई नैतिक गुणों की सूची थमाई। उन्होंने अपनी बातों को विस्तार से लिखा, पर तय करना पाठक पर छोड़ दिया कि इसका क्या अर्थ निकाला जाए। स्मिथ का उद्देश्य यह नहीं था कि नैतिकता जैसी जटिल बात को महज़ किसी अधिकारपूर्ण आदेश से साध लिया जाए। उन्होंने अपने विचार रखे और निर्णय का भार पाठक के विवेक पर छोड़ा। स्मिथ मानते थे कि नैतिकता को न तो केवल प्राकृतिक या दैवी नियमों की कसौटी पर कसा जा सकता है और न ही यह सीधे-सीधे अधिकतम लोगों के लिए अधिकतम सुख का कारण बन सकती है। स्मिथ कहते हैं कि हम केवल अपनी भावनाओं को किसी दूसरे के अनुभव पर 'थोप' सकते हैं — पर वास्तव में हम दूसरे व्यक्ति के भीतर क्या घट रहा है, उसे ज्यों का त्यों नहीं जी सकते। किसी परिस्थिति में स्वयं को रखना और वास्तव में उस परिस्थिति को जीना — दोनों में बड़ा अंतर है। इसके लिए जरूरी है — सजग श्रवण, खुले मन से सोचना और अपने आप को किसी दूसरे की जगह रखकर देखना। यही असली फर्क है — आखिर कोई भी व्यक्ति किसी और का दृष्टिकोण पूरी तरह कैसे जी सकता है? जब आप किसी स्थिति में स्वयं को रखकर देखते हैं, तो वह तीव्रता कभी वैसी नहीं हो सकती जैसी उस परिस्थिति को भोग रहे व्यक्ति के लिए होती है।

> जिस प्रकार किसी घटना से प्रत्यक्ष रूप से जुड़ा व्यक्ति हमारी सहानुभूति से प्रसन्न होता है, और उसके अभाव से आहत होता है — वैसे ही हम भी, जब किसी के साथ अपनी संवेदना साझा कर पाते हैं, तो एक गहन संतोष अनुभव करते हैं, और जब ऐसा न कर पाएं तो भीतर कहीं संवेदना होती है। हम केवल सफल लोगों को बधाई देने नहीं दौड़ते, बल्कि दुःखी जनों के साथ संवेदना व्यक्त करने भी उतनी ही तत्परता से जाते हैं। और जिस व्यक्ति की हर भावना के साथ हम पूरी तरह तादात्म्य बिठा पाते हैं, उसके साथ संवाद में जो सुख मिलता है, वह उस दुःख की पीड़ा से कहीं अधिक मूल्यवान लगता है, जो उसकी कठिन परिस्थिति को देखकर हमारे भीतर उपजती है। (टीएमएस I.I.II.६)

जब कोई व्यक्ति किसी दुखद परिस्थिति में होता है और हम उसकी पीड़ा में उसकी संगति कर पाते हैं, तो केवल वही व्यक्ति ही नहीं, हम स्वयं भी उस अनुभव से भीतर तक प्रभावित होते हैं। यह अनुभव एक समरसता का रूप ले लेता है — जहाँ हम किसी की सफलता पर उसके साथ हर्षित होते हैं, और उसकी पीड़ा में डूबते हैं — यही नैतिकता की वह सूक्ष्म रेखा है, जिस पर मनुष्य का विवेक नृत्य करता है। इसीलिए कठोपनिषद में नैतिक पथ की तुलना उस धार से की गई है, जो तलवार की धार से भी पैनी है — एक चूक, और हम खुद को नुकसान पहुंचा सकते हैं या फिर नीचे गिर सकते हैं।[१] स्मिथ इसी धार पर चलने की बात करते हैं, जहाँ कोई कठोर नियम नहीं, केवल अनुभूति और आत्मपरीक्षण होता है।

२. निष्पक्ष दर्शक की भूमिका

नैतिकता में 'निष्पक्ष दर्शक' की कल्पना — कोई बाहर का व्यक्ति नहीं, बल्कि हमारे भीतर का वह विवेकी भाग है, जो बिना पक्षपात के देखता,

---

[१] उतिष्ठत जग्रत वरान् प्राप्य तत् निबोधत। निशिता क्षुरस्य धारा दुरत्यया दुर्गं तत् पथः इति कवयः वदन्ति (१.३.१४)

समझता और तय करता है कि क्या उचित है। इसका बीजारोपण प्रकृति ने ही किया है — हमारे भीतर समाज के अनुरूप चलने की एक सहज प्रवृत्ति होती है। हम स्वाभाविक रूप से उस ओर झुकते हैं, जो हमें उचित और संतुलित प्रतीत होता है।

> जब हम अपने नैतिक विवेक के अनुसार कार्य करते हैं, तो वास्तव में हम उस सुख की स्थापना के सबसे प्रभावशाली साधन बन जाते हैं। यदि हम इसके विपरीत चलते हैं, तो मानो हम सृष्टिकर्ता के ही विरोधी हो जाते हैं। अतः, यह भी स्वाभाविक है कि हमें उसके विशेष अनुग्रह की आशा हो और उसकी अप्रसन्नता का भय भी। (टीएमएस III. V. ७)

किन्तु, उपयुक्तता भी सापेक्ष है — हर संदर्भ, हर संस्कृति, हर व्यक्ति का दृष्टिकोण भिन्न होता है। जो एक परिस्थिति में सही लगे, वह दूसरी में अनुपयुक्त हो सकता है। इसीलिए नैतिकता कोई तयशुदा पुस्तक नहीं, बल्कि सीखने और अनुभव से परिपक्व होने वाली एक जीवंत प्रक्रिया है। यह उस भावनात्मक समर्पण से जुड़ी है, जो किसी निष्पक्ष दर्शक की तरह देखता है — कभी बाहरी समाज की दृष्टि से, तो कभी अपने अंतरात्मा की आवाज़ से। यदि हम स्वयं को इन भावों के अनुसार ढालते हैं — तो हमारे भीतर कृतज्ञता, करुणा, धैर्य, साहस और सहनशीलता जैसे गुण स्वतः ही पनपने लगते हैं।

स्मिथ यह भी स्वीकारते हैं कि संस्कृति का प्रभाव हमारे नैतिक गुणों की दिशा तय करता है। फ्रांसीसी विनम्रता को महत्त्व देते हैं, डच किफायत को, भारतीय परिश्रमी और बुद्धिमान माने जाते हैं, और चीनी के नागरिक अनुशासित व परिवारकेंद्रित। वैश्वीकरण के इस युग में, जहाँ लाखों लोग अपने देश के बाहर कार्यरत हैं, ये सांस्कृतिक विशेषताएँ और भी अधिक महत्वपूर्ण हो जाती हैं।

अपने जीवन के अंतिम वर्षों में, स्मिथ ने अपनी कृति The Theory of Moral Sentiments की अंतिम संस्करण में दो महत्वपूर्ण हिस्से जोड़े — एक, जिसमें विवेक, करुणा और आत्म-संयम जैसे गुणों का वर्णन करते हुए कई सुंदर चरित्रचित्र प्रस्तुत किए; और दूसरा, जिसमें प्लेटो, अरस्तू और स्टोइकों

की नैतिक परंपरा का संक्षिप्त इतिहास दिया गया। वे बताते हैं कि आधुनिक मानवता को प्राचीन नैतिक दर्शनों की ओर पुनः देखना चाहिए — क्योंकि हो सकता है, वहां वह आत्मशांति छिपी हो, जिसे आज की जटिलता में खो दिया गया है।

३. स्वार्थ का परिष्कृत बोध

स्वार्थ का अर्थ अक्सर संकुचित होकर केवल लालच या दूसरों की उपेक्षा के रूप में लिया जाता है, जबकि वास्तव में यह आत्म-संवर्धन और आत्म-रक्षा की एक प्राकृतिक और आवश्यक प्रक्रिया भी हो सकती है। स्मिथ का दृष्टिकोण यह है कि मनुष्य के भीतर यह नैतिक कर्तव्य अंतर्निहित है कि वह अपने जीवन को बेहतर बनाने, अपने स्वास्थ्य की रक्षा करने और अपने लक्ष्यों को प्राप्त करने के लिए समर्पित रहे।

जब कोई व्यक्ति अपने शारीरिक, मानसिक और भावनात्मक स्वास्थ्य की रक्षा करता है, सीमाओं का निर्धारण करता है और अपने लक्ष्यों की ओर उत्तरदायी रूप से अग्रसर होता है, तो यह एक स्वस्थ स्वार्थ होता है—एक ऐसा स्वार्थ जो न केवल स्वयं को पुष्ट करता है, बल्कि समाज को भी सशक्त बनाता है। इसके विपरीत, वह स्वार्थ जो दूसरों की उपेक्षा करता है, उनकी संवेदनाओं और अधिकारों को कुचलता है, वह लालच में परिवर्तित हो जाता है, जो अंततः समाज को विघटित करता है।

> हर मनुष्य सबसे पहले और मुख्य रूप से स्वयं की देखभाल के लिए उत्तरदायी ठहराया गया है; और वास्तव में, वह किसी अन्य व्यक्ति की तुलना में स्वयं की देखभाल करने के लिए हर दृष्टि से अधिक सक्षम और उपयुक्त होता है। स्वयं के पश्चात्, उसके परिवार के सदस्य स्वाभाविक रूप से उसके सबसे गहरे स्नेह के पात्र होते हैं।

> वह राज्य या सत्ता-संरचना, जिसमें हमारा जन्म हुआ है, जिसमें हमने शिक्षा पाई है, और जिसकी सुरक्षा में हम जीते हैं — सामान्य परिस्थितियों

में वही सबसे व्यापक समाज होता है, जिस पर हमारे आचरण का प्रभाव सबसे अधिक पड़ता है — हमारे सद्गुणों या दुर्गुणों से उसके सुख-दुख में वास्तविक अंतर आता है। अतः प्रकृति भी उसे हमारे लिए सबसे सशक्त रूप से अनुशंसा करती है। (टीएमएस VI. II. २)

स्मिथ इस बोध में एक श्रेणीबद्ध व्यवस्था प्रस्तुत करते हैं—मनुष्य को सबसे पहले स्वयं की रक्षा करनी चाहिए, फिर अपने परिवार की, और इसके उपरांत उस राज्य या समाज की, जिसने उसे पाला-पोसा और सुरक्षा दी। एक बुद्धिमान और सदाचारी व्यक्ति को यह भी स्वीकार होना चाहिए कि उसके निजी हित, उसके समुदाय और राज्य के हित, यदि आवश्यक हो, तो ब्रह्मांडीय हितों के लिए बलिदान किए जा सकते हैं—उस विराट चेतना के हित में जो संपूर्ण सृष्टि का संचालन कर रही है। यह त्याग किसी एक धर्म, राष्ट्र या व्यवस्था तक सीमित नहीं, बल्कि समस्त बुद्धिजीवियों और संवेदनशील प्राणियों की एक दिव्य सामाजिक रचना का अंग है, जिसकी प्रत्यक्ष व्यवस्था स्वयं ईश्वर कर रहे हैं। (टीएमएस VI. III. ३)

इस प्रकार, जब कोई व्यक्ति अपने सीमित स्वार्थ को एक व्यापक उद्देश्य के अधीन कर देता है, तो उसमें एक उद्देश्यबोध, एक ब्रह्मांडीय प्रतिबद्धता जन्म लेती है, और वही उसकी साधना बन जाती है। यह समाज के प्रति उसके उत्तरदायित्व में प्रकट होती है—लोकतांत्रिक प्रक्रिया में भागीदारी, सत्य के लिए स्वर उठाना, पर्यावरण की रक्षा करना, शिक्षा और रोजगार में समानता का पक्ष लेना, और उस व्यवस्था के दोषों को सुधारने के लिए एकजुट प्रयास करना जो अवसरों को सीमित करती है। दान, सेवा और परमार्थ—ये सारे कर्म जब स्वेच्छा से और निस्वार्थ भाव से किए जाते हैं, तब वे केवल सहायता नहीं, बल्कि सामाजिक सौहार्द्र की नींव बन जाते हैं।

लगभग सभी मामलों में, किसी भी दृष्टि से अत्यंत विनम्र रहने की तुलना में थोड़ा अभिमान रखना बेहतर होता है; और आत्म-मूल्यांकन की भावना

> में, कुछ हद तक अधिकता होना, व्यक्ति और निष्पक्ष पर्यवेक्षक दोनों के लिए किसी भी कमी से कम अप्रिय प्रतीत होती है... वह मात्रा जो निष्पक्ष पर्यवेक्षक को सबसे अधिक स्वीकार्य होती है, वही व्यक्ति के लिए भी सबसे अधिक सुखद होती है; और जब अधिकता या कमी में से कोई भी पहली के लिए कम असहनीय होती है, तो उसी अनुपात में दूसरी व्यक्ति के लिए कम अप्रिय होती है। (टीएमएस VI. III. ५२-५३)

और यह प्रक्रिया उस आंतरिक संतुलन से संचालित होती है, जिसमें हम अपने भीतर एक 'निष्पक्ष दर्शक' का निर्माण करते हैं—एक ऐसी चेतना जो दूसरों की भावनाओं के साथ समरस होकर हमें मूल्यांकन करने की शक्ति देती है। किंतु यही निष्पक्ष दर्शक हिन्दू विचार में 'आत्मा' के रूप में वर्णित होता है—जो हमारे विक्षुब्ध क्षणों में भी हमारी निंदा नहीं करता, बल्कि साक्षी भाव से सब देखता है। यही साक्षी दृष्टि जब आत्मा से जुड़ती है, तो नैतिक विवेक जन्म लेता है।

४. नैतिक दर्शन

स्मिथ कहते हैं कि यह भाव कि 'हम प्रिय हैं', हमारा नैतिक आधार बनता है, और यह भाव दूसरों की मान्यता से ही पुष्ट होता है। प्रत्येक व्यक्ति एक इच्छाओं की मशीन है—चाहे वह धन, मान-सम्मान, प्रेम या सामाजिक स्वीकृति हो। इच्छाएं बचपन से बुढ़ापे तक हमारे मन के परिदृश्य पर छाई रहती हैं, और उनमें सबसे प्रबल होती है—अन्य लोगों को प्रभावित करने की चाह। यह चाह जब दूसरों के प्रति सच्चे संबंधों की बजाय दिखावे, प्रतिस्पर्धा या वर्चस्व की इच्छा में बदल जाती है, तब हम अपने नैतिक केंद्र से दूर होने लगते हैं। झूठ, छल, और संवेदनहीनता—ये सब इस 'प्रभाव जमाने' की प्रवृत्ति के परिणाम बन जाते हैं। लेकिन, इसी प्रक्रिया को जब प्रेम, करुणा और सच्ची सदाशयता से निभाया जाता है, तो संबंधों में गहराई, अपनत्व और पारस्परिक विश्वास का जन्म होता है।

प्रेम से किसी को जीतना एक शुद्ध अनुभव है—यह किसी को अपराजेय बनाने का नहीं, बल्कि उसे अपनाने और उसकी गरिमा को मान्यता देने का

मार्ग है। बिना किसी स्वार्थ के सहायता देना, दया और सद्भावना का प्रदर्शन करना, वह मूल बीज है जिससे मानवता का वृक्ष पल्लवित होता है। इस भावना से पोषित किए गए संबंध केवल सामजिक बंधन नहीं, आत्मिक संबंध बन जाते हैं—जहाँ व्यक्ति को यह अनुभूति होती है कि वह न केवल किसी का प्रिय है, बल्कि उसके होने से दुनिया थोड़ी बेहतर भी हो रही है। किन्तु सबसे बड़ा विरोधाभास यह है कि हम दूसरों से यह अपेक्षा रखते हैं कि वे हमारी बातों को स्वीकारें, परंतु स्वयं सच बोलने में संकोच करते हैं।

> विश्वास किए जाने की इच्छा, दूसरों को मनाने, मार्गदर्शन करने और निर्देशित करने की इच्छा, हमारे सभी प्राकृतिक इच्छाओं में से एक सबसे मजबूत इच्छा प्रतीत होती है। (टीएमएस VII. IV. २५)

सत्य बोलने की इच्छा—यह मनुष्य की सबसे गहन प्रवृत्तियों में से एक है। यह न केवल संवाद को पारदर्शी बनाती है, बल्कि व्यक्ति के चरित्र की भी पहचान कराती है। सत्य बोलना, भले ही कठिन हो, व्यक्ति की आंतरिक सच्चाई और साहस का प्रतीक बन जाता है। यह केवल शब्दों का सत्य नहीं, बल्कि व्यवहार का, दृष्टिकोण का और उद्देश्य का सत्य होता है। ईमानदारी से भरे संबंध स्थायी होते हैं, क्योंकि उनमें छल नहीं होता—केवल सच्ची उपस्थिति और परस्पर सम्मान होता है। और जब यह सत्य करुणा और संवेदनशीलता के साथ कहा जाता है, तो वह न केवल स्वीकार्य बनता है, बल्कि एक सेतु बन जाता है—दूसरों की भावनाओं तक पहुँचने का। सत्य, जब विनम्रता और विवेक के साथ बोला जाता है, तब वह केवल सूचना नहीं, बल्कि परिवर्तन बन जाता है—नैतिक चेतना का दीपक जो अंधकार को दूर करता है।

५. जिन चुनौतियों से पार पाना है

बेईमान लोगों के बीच जीना निश्चित ही चुनौतीपूर्ण होता है, लेकिन ऐसे हालात से उबरने के रास्ते भी हैं। अपने विश्वासों के प्रति ईमानदार बने रहें। यदि कोई आपसे झूठ बोलता भी है, तो भी आप हर कार्य और वाणी में सत्य और नैतिकता

का पालन करें। सजग रहें और दूसरों के व्यवहार पर ध्यान दें। विरोधाभासों और असत्य के संकेतों को पहचानें, लेकिन तब तक किसी निष्कर्ष पर न पहुँचें जब तक आपके पास पर्याप्त प्रमाण न हों। अपनी सीमाएँ स्पष्ट रूप से निर्धारित करें ताकि आप किसी की चालबाज़ी या शोषण का शिकार न बनें। इसका अर्थ यह भी हो सकता है कि कुछ लोगों से सीमित संपर्क रखें या उन्हें अपनी निजी बातें बताते समय सतर्क रहें। सत्य और असत्य के बीच अंतर करने की अपनी क्षमता को विकसित करें। किसी बात को सच मानने से पहले उसके संदर्भ, वक्ता और विश्वसनीयता पर विचार करें। खुद को उन लोगों से घेरें जो ईमानदार और भरोसेमंद हों, जो आपके जीवन-मूल्यों को साझा करते हों। भरोसे, पारदर्शिता और ईमानदारी पर टिके संबंधों का निर्माण अनिवार्य है।

सबसे महत्वपूर्ण बात यह है कि बेईमान लोगों के साथ आए कठिन अनुभवों को आत्मचिंतन और व्यक्तिगत विकास के अवसर की तरह देखें। इन परिस्थितियों से जो कुछ सीखा है, वह आपको भविष्य की प्रतिकूलताओं में अधिक सशक्त बनाएगा। सकारात्मक दृष्टिकोण बनाए रखें और दूसरों के झूठ से अपनी मानवता में विश्वास न खोएँ। यह याद रखना जरूरी है कि संसार में अब भी बहुत से अच्छे लोग मौजूद हैं। इस दृष्टिकोण से आप उस तटस्थ दर्शक की शक्ति को जाग्रत करेंगे, जो अदृश्य रूप से आपकी रक्षा करेगा। स्वयं के प्रति सच्चे रहते हुए, सीमाओं का निर्धारण करते हुए और सकारात्मक लोगों के साथ रहकर, आप एक मजबूत और निष्पक्ष तीसरी शक्ति का निर्माण करेंगे जो आपको ऐसे हालात में गरिमा और शक्ति के साथ सहारा देगी।

'शैतान का वकील' (Devil's Advocate) शायद इससे असहमत हो। क्या तटस्थ दर्शक बजाय उन्हें मिटाने के पुराने भ्रमों को बनाए नहीं रखता? क्या स्थापित परंपराएँ नैतिक विवेक को धुंधला नहीं कर देतीं? स्मिथ का उत्तर है—नहीं। उनके अनुसार, एक भी नेक इंसान किसी पूरे समाज में फर्क ला सकता है। आखिरकार, जब कोई नए शहर में आता है, तो वह रास्ता पूछने के लिए अजनबियों पर ही भरोसा करता है।

"सबसे बड़े संकटों और खतरों के बीच भी शांत चित्त से निर्णय लेना; न्याय के पवित्र सिद्धांतों का पालन करना, चाहे कितनी भी प्रलोभनकारी परिस्थितियाँ हों या कितनी भी तीव्र चोटें मिली हों; और जिन लोगों के प्रति हम परोपकार करते हैं, उनके छल या कृतघ्न व्यवहार से अपने शुभचिंतन को हतोत्साहित न होने देना – यही सबसे उच्चकोटि की बुद्धिमत्ता और सद्गुण का लक्षण है। आत्मसंयम न केवल एक महान गुण है, बल्कि यही वह स्रोत है जिससे बाकी सारे गुण अपनी महत्ता प्राप्त करते हैं।" (टीएमएस VI. III. ११)

६. निष्कर्ष – विवेकशीलता ही व्यावहारिक बुद्धि है

जब कोई वृद्ध अपने पोते-पोतियों के साथ खेलता है, तब वो छोटे बच्चे भी एक तटस्थ दर्शक की भूमिका में देखा जा सकता है। स्मिथ का यह विचार – एक लघु, सापेक्ष, पारलौकिक और निष्पक्ष दर्शक का – उनके सिद्धांत का रत्न है। हम अपने दैनिक भावनात्मक उतार-चढ़ाव के अनुसार न्याय नहीं करते, बल्कि उस आदर्श के अनुरूप चलते हैं जिसे अच्छा माना जाता है। इन्हीं सिद्धांतों के माध्यम से हम अपने पड़ोसियों से सामंजस्य बनाते हैं और सामाजिक सौहार्द स्थापित करते हैं। स्मिथ का चिंतन सामाजिक शांति और सहयोग के महत्त्व को रेखांकित करता है, जो मानवीय स्वभाव से भी मेल खाता है।

हालाँकि, स्मिथ करुणा को महत्व देते हैं, फिर भी वे न्याय को सर्वोपरि स्थान पर रखते हैं। उनके अनुसार, एक न्यायप्रिय समाज वही होता है जो हर व्यक्ति को उसके योगदान और कर्म के आधार पर उसका उचित अधिकार देता है। वे सरकार की उस भूमिका को भी रेखांकित करते हैं जिसमें न्याय की रक्षा, संपत्ति अधिकारों की सुरक्षा, और निर्बलों को उत्पीड़न से बचाना शामिल है। स्मिथ की नैतिक अवधारणाएँ इस जटिल ताने-बाने को स्पष्ट करती हैं – जहाँ मानवीय व्यवहार, सामाजिक मूल्य और संस्थागत ढाँचे, व्यक्ति के विकास और समाज के समुचित स्वास्थ्य की नींव बनते हैं – और अंततः एक शांतिपूर्ण एवं समृद्ध समाज की ओर ले जाते हैं।

यह इस पुस्तक के पहले भाग का समापन है, जो एडम स्मिथ की "थ्योरी ऑफ़ मॉरल सेंटिमेंट्स" पर आधारित रहा। स्मिथ की बात को सबसे संक्षिप्त और सटीक रूप से विवेक सिद्धांत के माध्यम से समझा जा सकता है। यदि आप अपने कार्यों में सतर्क नहीं हैं, तो जीवन के किसी भी क्षेत्र में सफलता नहीं मिलेगी – चाहे वह विवाह हो, परिवार, वित्त, शिक्षा, स्वास्थ्य, दीर्घायु या जीवन की ऊर्जा। आत्म-प्रेम और आत्म-हित वास्तव में विवेकपूर्ण व्यवहार का उदाहरण हैं; जैसे खुदाई के लिए फावड़ा चाहिए, वैसे ही दूसरों की सहायता करने से पहले स्वयं का पोषण अनिवार्य है। जो लोग असावधान और अकुशल होते हैं, वे न तो किसी की मदद कर सकते हैं और न ही किसी उद्देश्य के योग्य बन सकते हैं। यही है जीवन की कहानी का सच्चा सबक।

एडम स्मिथ की वैचारिक दृष्टि, "द थ्योरी ऑफ़ मोरल सेंटिमेंट्स" में, "निष्पक्ष दर्शक" की भूमिका पर ज़ोर देती है- एक पारलौकिक और निष्पक्ष आंतरिक मार्गदर्शक जो व्यक्तियों को क्षणिक भावनाओं से ऊपर उठने और सद्भाव को बढ़ावा देने वाले तरीकों से कार्य करने की अनुमति देता है। एक पोते की तरह जो अपने बुजुर्गों को देखता है, यह निष्पक्ष पर्यवेक्षक मासूमियत, निष्पक्षता और स्पष्टता का प्रतिनिधित्व करता है। स्मिथ का सुझाव है कि इस दृष्टिकोण को विकसित करके, लोग अपने पड़ोसियों के साथ शांतिपूर्वक रह पाते हैं, न केवल दैनिक आवेगों से बल्कि साझा मूल्यों और नैतिक सिद्धांतों से भी बंधन बनाते हैं जो सामाजिक एकता को मज़बूत करते हैं। उनका दर्शन बताता है कि समुदाय की नींव संतुलन में निहित है: शांति केवल संघर्ष का अभाव नहीं है, बल्कि सचेत, सिद्धांतबद्ध सहयोग का परिणाम है।

साथ ही, स्मिथ न्याय को एक निष्पक्ष समाज की आधारशिला के रूप में रेखांकित करते हैं। जहाँ दयालुता मानवीय अंतः क्रियाओं को नरम बना सकती है, वहीं न्याय यह सुनिश्चित करता है कि अधिकारों की रक्षा हो, कमज़ोरों का शोषण न हो, और सभी को उनका हक़ मिले। स्मिथ का तर्क है कि यह ज़िम्मेदारी संपत्ति के अधिकारों और निष्पक्षता के संरक्षक के रूप में सरकारों तक भी फैली हुई है, क्योंकि केवल सामाजिक मानदंड ही हमेशा दुरुपयोग को

रोक नहीं सकते। जब विवेक, आत्म-प्रेम और स्वार्थ न्याय के साथ जुड़ जाते हैं, तो वे व्यक्तिगत सफलता और सामूहिक समृद्धि, दोनों के लिए परिस्थितियाँ निर्मित करते हैं। जिस प्रकार दूसरों की सेवा करने से पहले व्यक्तिगत कल्याण का ध्यान रखना आवश्यक है, उसी प्रकार समाज को भी वास्तव में फलने-फूलने से पहले न्याय में स्थिर होना चाहिए। सबक स्पष्ट है: स्थायी विकास, चाहे व्यक्तिगत जीवन में हो या नागरिक समाज में, ज़िम्मेदारी, अनुशासन और सचेतन कार्यों से शुरू होता है।

अध्याय ५

श्रम संरचना: स्मिथ की दृष्टि

१. विचार की विकास यात्रा

एडम स्मिथ ने अपने जीवन का अधिकांश भाग केवल एक ही दर्शन को समझने और समझाने में समर्पित किया—कैसे लोगों के जीवन को बेहतर बनाया जा सकता है। उनकी सबसे प्रसिद्ध रचना "Inquiry into the Nature and Causes of the Wealth of Nations" वर्ष १७७६ में प्रकाशित हुई, यानी उनकी पहली पुस्तक "Theory of Moral Sentiments" के सत्रह वर्षों बाद। कहा भी जाता है कि जब तक कोई "Theory of Moral Sentiments" को नहीं समझता, तब तक वह "Wealth of Nations" की गहराई को नहीं पकड़ सकता—और यही बात इस पुस्तक के मूल में है।

स्मिथ की योजना थी कि वह अपनी कल्पना की तीन-रचनाएँ प्रकाशित करेंगे—एक नैतिकता पर, एक धन पर, और एक न्याय पर। तीसरी रचना पूरी नहीं हो सकी और मृत्यु से ठीक पहले उन्होंने अपने सारे पांडुलिपियाँ,नोट्स और मसौदे ये सोच कर जलवा दिए कि उनके जाने के पश्चात किसी भी प्रकार का भ्रम या द्वन्द ना रहे।

एडम स्मिथ के विचार हमें यह समझने में मदद करते हैं कि आर्थिक स्वतंत्रता, प्रतिस्पर्धा, विशेषज्ञता, शिक्षा और सीमित किंतु प्रभावी सरकारी हस्तक्षेप के ज़रिए समाज का कल्याण कैसे किया जा सकता है। वह इस बात में गहरी रुचि रखते थे कि बाज़ार—एक आर्थिक व्यवस्था के रूप में—मानव जीवन को कैसे बेहतर बना सकता है।

साथ ही, उन्होंने यह भी समझा कि समाज के दुर्बल वर्गों के लिए सामाजिक सुरक्षा जाल कितनी आवश्यक है। किंतु उन्होंने यह भी स्पष्ट किया कि ऐसी नीतियाँ सीमित और लक्षित होनी चाहिए, ताकि वे लोगों की कर्मठता और उद्यमशीलता को बाधित न करें।

उनके विचार आज भी प्रासंगिक हैं और आधुनिक समस्याओं के समाधान में मार्गदर्शक बन सकते हैं। "Wealth of Nations" को स्मिथ ने पाँच पुस्तकों में विभाजित किया। पहली पुस्तक उत्पादन और वितरण पर है, दूसरी पूंजी और लाभ पर। इन दोनों में उनके आर्थिक विचारों की व्याख्या मिलती है।

तीसरी पुस्तक पश्चिमी यूरोप में मुद्रा के इतिहास पर केंद्रित है। चौथी पुस्तक में स्मिथ ने अन्य विचारधाराओं का खंडन किया है, और पाँचवीं में उन्होंने अपने विचारों के ज़रिए सरकार को उसकी समस्याओं के समाधान हेतु दिशा देने की कोशिश की है।

स्मिथ ने विशेष रूप से यह रेखांकित किया कि किस प्रकार विशेषीकरण और श्रम विभाजन लोगों को उनके श्रेष्ठतम कार्य में लगाकर जीवन यापन का एक उत्पादक मार्ग देते हैं। यह सिद्धांत आज के अर्थतंत्र की रीढ़ है, जहाँ विशिष्टता उत्पादन प्रणाली को अधिक कुशल और प्रभावशाली बनाती है।

२. श्रम विभाजन क्या है?

कल्पना कीजिए कि एक हवाई जहाज़ किस प्रकार यात्रियों और उनके सामान को एक स्थान से दूसरे स्थान तक ले जाता है। टेक्नीशियन ईंधन भरते हैं, ज़मीन पर काम करने वाला स्टाफ सामान लोड करता है, एयरलाइन कर्मचारी यात्रियों की चेकिंग करते हैं, सुरक्षा अधिकारी निगरानी रखते हैं, हवाई यातायात नियंत्रक रास्ता तय करते हैं, और पायलट व चालक दल विमान को उड़ाते हैं।

निस्संदेह, उस विमान को किसी खास मार्ग पर उड़ान भरने के लिए डिज़ाइन किया गया, तैयार किया गया, खरीदा या पट्टे पर लिया गया, और परिचालन में लाया गया। टिकट खरीदे और बेचे जाते हैं।

सोचिए, इस पूरी व्यवस्था में कितने लोग और प्रणालियाँ शामिल हैं? कोई भी व्यक्ति, केवल कुछ सौ डॉलर—या भारत में कुछ हज़ार रुपये—में

उस विमान में यात्रा कर सकता है, जिसकी लागत करोड़ों में है और जिसे चलाने की व्यवस्था अरबों में।

अब अपने भोजन पर नज़र डालिए—रोटी, चावल, दाल, सब्ज़ियाँ, दही, अचार, मिठाई आदि। सोचिए, आपकी थाली में जो नमक है, वह समुद्र से आपकी थाली तक कैसे पहुँचा? जिस गाय से दूध आया, उसकी परवरिश कैसे हुई? खाना किसने पकाया, कौन-से बर्तनों में—एल्यूमीनियम या स्टेनलेस स्टील के—और वे बर्तन कहाँ और कैसे बने? खाना पकाने के लिए गैस कहाँ से आई, वह धरती में कितनी गहराई में थी?

कितने लोग जुड़े हैं आपके भोजन को आपकी थाली तक पहुँचाने में? किसान, आटा चक्की, बेकरी, विक्रेता, किराना स्टोर—हज़ारों लोगों की समन्वित मेहनत आपको कुछ सौ रुपये में यह सब प्रदान करती है। क्या ऐसा नहीं लगता कि पूरी दुनिया आपके लिए काम कर रही है?

यह कोई नई बात नहीं। प्राचीन मानव भी जानते थे कि कार्य को विभाजित कर, उसमें दक्षता हासिल कर, और फिर मिल-जुलकर उसे अंजाम देना ही जीवन को सुचारु बनाता है। इसी ज्ञान के साथ शिकारी से किसान का रूपांतरण हुआ, और समुदायों का जन्म हुआ—कुछ धातु कार्य में लगे, कुछ पशुपालन में, कुछ कृषि में, कुछ प्रसंस्करण में, और फिर जो अतिरिक्त था, उसका विनिमय कर अन्य वस्तुएँ प्राप्त की गईं।

निस्संदेह युद्ध भी हुए, किंतु बड़े साम्राज्यों ने छोटे-छोटे गुटों और कबीलों को एक व्यवस्था के अंतर्गत लाया। यह सब संभव हुआ क्योंकि मानव ने कार्य का विभाजन सीखा, उसमें श्रेष्ठता प्राप्त की, और फिर उसे बड़ी सफलता के लिए प्रयुक्त किया।

एडम स्मिथ ने श्रम विभाजन (divison of labour) का आविष्कार नहीं किया और न ही सबसे पहले उसकी वकालत की। यह तो प्लेटो के समय से जाना जाता था—

> (सॉक्रेटीज़): "राज्य की उत्पत्ति, जैसा कि मैं समझता हूँ, मानव की आवश्यकताओं से होती है; कोई भी स्वयं में पूर्ण नहीं है, हम सबको कई चीज़ों की ज़रूरत होती है। क्या राज्य की कोई और उत्पत्ति संभव है?"

(एडाइमैंटस): "नहीं, कोई और नहीं।"

(सॉक्रेटीज़): "तो जब हमारी कई आवश्यकताएँ हों, और उन्हें पूरा करने के लिए अनेक व्यक्तियों की आवश्यकता हो, तो एक व्यक्ति एक कार्य हेतु सहायक लेता है, दूसरा दूसरे कार्य हेतु; और जब ये सभी सहायक एक स्थान पर इकट्ठा होते हैं, तो उस समुदाय को 'राज्य' कहा जाता है ... वे एक-दूसरे से लेन-देन करते हैं—एक देता है, दूसरा ग्रहण करता है ... और यह विनिमय उनके भले के लिए होता है।" (Republic, Book II)

३. कुछ प्रासंगिक ऐतिहासिक घटनाएँ

आकेमेनिड साम्राज्य की स्थापना साइरस महान ने की थी, जिसमें ईरान, मध्य एशिया और मिस्र सम्मिलित थे। उम्मयद वंश ने चार मिलियन वर्ग मील से अधिक भूमि पर शासन किया। मंगोल साम्राज्य मध्य एशिया के एक घुमंतू समूह से निकलकर मध्य यूरोप तक फैल गया। जापान सागर से लेकर सुलैमान का साम्राज्य दक्षिण-पूर्वी यूरोप, पश्चिमी एशिया और उत्तर अफ्रीका के हिस्सों तक फैला था। १७०० के दशक में स्पेनिश साम्राज्य पाँच मिलियन वर्ग मील से अधिक भूभाग पर फैला था और उसकी सैन्य और आर्थिक शक्ति अत्यंत प्रभावशाली थी। ब्रिटिश साम्राज्य ने लगभग दुनिया की एक चौथाई भूमि पर अधिकार कर लिया था, और इसकी जनसंख्या भी इतनी ही बड़ी थी। इतना विशाल था यह साम्राज्य कि कहा गया—इस पर कभी सूरज नहीं डूबता।

स्मिथ अपनी पुस्तक The Wealth of Nations की शुरुआत इसी "उत्पादक शक्ति" की चर्चा से करते हैं, जिसने इन विशाल साम्राज्यों को जन्म दिया। इन साम्राज्यों के उत्थान में सैन्य विजय, राजनीतिक केंद्रीकरण, आर्थिक प्रभुत्व, सांस्कृतिक प्रभाव और तकनीकी प्रगति जैसे अनेक कारकों की भूमिका रही। सैन्य तकनीक में उन्नति—जैसे उन्नत हथियार, किलेबंदी, और परिवहन प्रणाली—ने इन्हें अपने प्रतिद्वंद्वियों पर रणनीतिक बढ़त दी; कृषि,

अवसंरचना और संचार में नवाचारों ने आर्थिक विकास और साम्राज्य विस्तार को उल्लेखनीय रूप से सुगम बनाया।

> "श्रम की उत्पादक शक्तियों में सबसे महान सुधार और अधिकांश कुशलता, चातुर्य और निर्णय—जहाँ कहीं भी इसे लागू किया गया है—श्रम के विभाजन के परिणामस्वरूप प्रतीत होते हैं।" (वेल्थ ऑफ नेशन्स I.१.१)

इन साम्राज्यों ने समाज को सुव्यवस्थित वर्गों में विभाजित किया—योध्दा, कृषक, व्यापारी, विद्वान और सेवक। कुछ पुजारी बने, कुछ धन के संरक्षक और कुछ डाकू या यात्री। जब वैज्ञानिक उपकरण और आविष्कार आने लगे, तब और भी विशिष्ट श्रेणियाँ उभरीं। स्मिथ, जो औद्योगिक क्रांति के प्रारंभिक चरणों में जन्मे, ने कार्य-विभाजन से उत्पादन में वृद्धि के तीन कारण गिनाए।

वे समझते थे कि श्रम-विभाजन का प्रभाव तभी बढ़ता है जब वह बड़े पैमाने पर लागू हो। यह उनकी सबसे महत्वपूर्ण खोज थी क्योंकि इससे यह स्पष्ट हुआ कि संस्थाओं के माध्यम से प्रतिस्पर्धा और सहयोग की सीमाओं को कैसे निर्मित या ध्वस्त किया जा सकता है। इस प्रभाव को समझने के लिए उन्होंने निर्माण क्षेत्र का उदाहरण लिया, विशेषकर एक पिन निर्माता का।

> "एक व्यक्ति जो इस कार्य में प्रशिक्षित नहीं है (जिसे श्रम-विभाजन ने एक विशिष्ट व्यवसाय बना दिया है), और जो इस कार्य में प्रयुक्त मशीनों के प्रयोग से अपरिचित है (जिनके आविष्कार में भी श्रम-विभाजन की भूमिका रही है), वह शायद पूरे दिन की मेहनत से एक पिन भी न बना पाए—बीस तो कतई नहीं। लेकिन जैसे आज यह काम होता है... एक व्यक्ति तार खींचता है, दूसरा उसे सीधा करता है, तीसरा काटता है, चौथा नुकीला बनाता है, पाँचवाँ ऊपर से सिर लगाने के लिए उसे तैयार करता है; सिर बनाने में दो-तीन अलग प्रक्रियाएँ होती हैं... ऐसे दस लोग मिलकर प्रतिदिन लगभग अड़तालीस हज़ार पिन बना सकते हैं।" (वेल्थ ऑफ नेशन्स I.१.३)

स्मिथ का यह दावा सटीक था। यदि ये दस लोग अपने पिन अधिक लोगों को बेच सकें, तो और मज़दूर रखकर वे रोज़ एक लाख पिन बना सकते हैं। मशीनों में सुधार कर वे प्रतिदिन एक मिलियन पिन तक बना सकते हैं।

४. स्मिथ के सिद्धांत की व्याख्या

औद्योगिक युग की शुरुआत में पनचक्की (Water Wheel) पहला ऊर्जा स्रोत बना, जो जल प्रवाह से लकड़ी के पहिए घुमाकर कताई मशीनों को शक्ति देता था। १८वीं शताब्दी के मध्य में, कास्ट आयरन तकनीक में सुधार ने इन मशीनों को और बड़ा और सक्षम बना दिया। साथ ही, नए कार्डिंग और स्पिनिंग के तरीके भी विकसित हुए। भाप की शक्ति ने और भी विशाल और तीव्र मशीनों को जन्म दिया। इससे 'उत्पादन' में तीव्र वृद्धि हुई और ब्रिटिश साम्राज्य के बाज़ार और विस्तृत हुए। ज़ाहिर है, इन मिलों के लिए कपास सुनिश्चित करने के लिए साम्राज्य ने और भूमि अधिग्रहीत की।

परन्तु इस परिवर्तन का एक और पहलू था। जैसे-जैसे लोग मशीनों के उपयोग में दक्ष हुए और समूहों में संगठित होकर कार्य करने लगे, उनकी सामाजिक पहचानें धूमिल होने लगीं। अब किसी की श्रेष्ठता इस बात से आंकी जाने लगी कि वह कितना कुशल है, कितना उपयोगी है; यदि नहीं है, तो वह अकेला अपने घर में बैठा अपनी विफलताओं और खोए गौरव पर विचार करता रहेगा। स्मिथ का मत था कि किसी व्यक्ति की प्रतिष्ठा इस बात से तय होती है कि वह समाज के लिए क्या मूल्य उत्पन्न करता है।

> "मनुष्यों के स्वाभाविक गुणों में अंतर, वास्तव में, हमारी अपेक्षा से कहीं कम है... एक दार्शनिक और एक साधारण कुली के चरित्रों में जो अंतर दिखाई देता है, वह प्रकृति की देन कम और अभ्यास, परंपरा व शिक्षा की देन अधिक है... यदि 'वस्तुओं के आदान-प्रदान' की प्रवृत्ति न होती, तो हर व्यक्ति को अपने जीवन की हर आवश्यक वस्तु स्वयं ही जुटानी पड़ती। तब सभी को एक जैसे कार्य करने पड़ते और व्यावसायिक विविधता जैसी कोई चीज़ न होती, जो प्रतिभाओं में अंतर का कारण बनती है।" (वेल्थ ऑफ नेशन्स I. २. ५)

स्मिथ ने अमीरों के झूठे गर्व को खंडित किया। उन्होंने दिखाया कि आम लोगों की मेहनत और रचनात्मकता ही सभी के लिए जीवन को सुगम बनाती है। कहा जाता है कि अमीरों के पास बहुत सारा धन, हीरे-जवाहरात और सोना होता है। लेकिन वह जीवन की सुविधा नहीं दिला सकता जब तक कि अन्य लोग उन्हें सेवा प्रदान न करें। कुशल व्यक्ति व्यापार के माध्यम से अपनी सेवाओं के लिए धन अर्जित करते हैं, और यही धन अंततः अमीरों की समृद्धि को बढ़ाता है।

> "यदि हम इसी प्रकार उसके पहनावे और घरेलू सामानों को देखें—उसकी बनियान, उसके जूते, उसका बिस्तर... उसकी रसोई के बर्तन, उसकी मेज़ का फर्नीचर, चाकू-कांटे... रोटी और बीयर बनाने में लगे हाथों की विविधता, खिड़की के काँच जो धूप और रोशनी को अंदर लाते हैं पर हवा और बारिश को रोकते हैं... तो समझ में आएगा कि इन सब चीज़ों में कितने प्रकार की मेहनत लगी है... एक सभ्य देश का सबसे साधारण व्यक्ति भी, जिसे हम 'सरल जीवन' में जीता मानते हैं, दरअसल असंख्य लोगों की मेहनत से ही यह जीवन जी पाता है।" (वेल्थ ऑफ नेशन्स I.१. ११)

स्मिथ का मानना था कि श्रम का विभाजन किसी होशियार व्यक्ति की योजना नहीं थी, बल्कि यह सदियों से धीरे-धीरे विकसित हुआ मानवीय प्रयासों का परिणाम है, जो उत्पादकता बढ़ाने के लिए स्वाभाविक रूप से हुआ।

> "यह श्रम-विभाजन, जिससे इतने लाभ प्राप्त होते हैं, मूलतः किसी मानवीय बुद्धिमत्ता का परिणाम नहीं है... यह तो मानव स्वभाव में निहित एक प्रवृत्ति—वस्तुओं के आदान-प्रदान की प्रवृत्ति—का बहुत ही धीमा और क्रमिक परिणाम है, जिसकी दृष्टि में कोई व्यापक उपयोगिता नहीं होती।" (वेल्थ ऑफ नेशन्स I. २. १)

यदि हम इसे विकासवादी दृष्टिकोण से देखें, तो हम पाते हैं कि मानव तथा अन्य सामाजिक प्राणी समूहों में सहयोग के ऐसे तंत्र विकसित कर चुके हैं जो उनके सामूहिक अस्तित्व की संभावनाओं को बढ़ाते हैं। उदाहरण के लिए, शिकार, भोजन संग्रह और बाल देखभाल में सहयोग से व्यक्ति और उसकी संतान की जीवन प्रत्याशा बढ़ती है। पारंपरिक समाज अक्सर परस्पर सहायता, संसाधनों के साझा उपयोग और सामूहिक निर्णयों पर आधारित होते हैं। लोग प्रायः दूसरों की मदद करने को तैयार रहते हैं, भले ही उन्हें सीधा लाभ न मिले—क्योंकि सामाजिक मान्यताएँ, पारस्परिकता और सहानुभूति ऐसे सहयोग को संभव बनाते हैं।

> "हम अपना भोजन कसाई, शराब बनानेवाले या बेकरीवाले की दया से नहीं, बल्कि उनके स्वार्थ की भावना से पाते हैं। हम उनसे उनकी मानवता की नहीं, उनके लाभ की बात करते हैं। कोई भी व्यक्ति—सिवाय एक भिखारी के—अपने साथी नागरिकों की दया पर निर्भर रहना पसंद नहीं करता।एक भिखारी भी पूरी तरह उस पर निर्भर नहीं रहता।" (वेल्थ ऑफ नेशन्स I. २. १)

५. विनिमय प्रणालीः उत्प्रेरक के रूप में

स्मिथ ने मानव समाजों में प्रचलित दान, साझा करने, पारस्परिकता और सामुदायिक संसाधन आवंटन की सम्मानित परंपराओं से परदा हटाया और दिखाया कि ये सभी वस्तुतः विनिमय ही थे—सौदे की एक प्राचीन रूपरेखा। जब तक लोग भोजन, औज़ार, वस्त्र और पशुधन जैसी वस्तुएं अपनी आवश्यकताओं और संसाधनों की उपलब्धता के अनुसार एक-दूसरे से बदल सकते थे, तब तक समाज में शांति थी। लेकिन जैसे ही 'दोहरी अनुकूलता की स्थिति' उत्पन्न होती—जहाँ दोनों पक्ष एक-दूसरे की वस्तु चाहते हैं—तो या तो हिंसा जन्म लेती या फिर चतुराई हावी हो जाती। इसलिए लोगों ने विभिन्न जीविकाओं को अपनाया और अपने-अपने शिल्प को विस्तारपूर्वक विकसित किया ताकि उनके पास कुछ ऐसा हो जिसे वे दूसरों से बदल सकें।

जब किसी समाज में बहुत से लोग एक ही कार्य करने लगते हैं या समानता अधिक हो जाती है, तो लोग ऐसे स्थानों की ओर प्रस्थान करते हैं जहाँ उनकी विशिष्टता और कौशल की अधिक आवश्यकता हो। यह प्रवृत्ति सदियों से रही है, और आज भी यही प्रवसन प्रवास (migration) की मुख्य शक्ति है। १९६० के दशक में जब कई भारतीय विद्यालयों के शिक्षक अफ्रीका गए, तो उन्होंने वहाँ अपनी सशक्त उपस्थिति बनाई। आज, भारतीय सॉफ्टवेयर इंजीनियर अमेरिका के कंप्यूटर उद्योग की रीढ़ बन चुके हैं।

> "मनुष्यों में ... सबसे भिन्न प्रतिभाएं भी एक-दूसरे के लिए उपयोगी हैं; उनके विविध कौशलों की उपज, विनिमय की सामान्य प्रवृत्ति द्वारा एक साझा भंडार में समाहित हो जाती है, जहाँ हर व्यक्ति दूसरे के कौशल की उपज को उस वस्तु के बदले खरीद सकता है जो उसके पास है।" (वेल्थ ऑफ नेशन्स I. २. ५)

मनुष्य या कंपनियाँ अपनी सभी आवश्यकताएं स्वयं पूरी करने या सब कुछ स्वयं बेचने के बजाय किसी एक कार्य या उत्पाद में विशेषज्ञता प्राप्त करते हैं। यह विशिष्टीकरण उत्पादकता और दक्षता को बढ़ाता है, क्योंकि हर व्यक्ति वही करता है जिसमें वह सर्वश्रेष्ठ है और शेष वस्तुएं दूसरों से बदल लेता है। किंतु ऐसा तभी लाभकारी होता है जब उन लोगों को बड़े बाजारों तक पहुंच प्राप्त हो। श्रम विभाजन लोगों को उनकी मूल क्षमताओं पर ध्यान केंद्रित करने और यह खोजने में सक्षम बनाता है कि कौन उनकी सेवाओं की मांग रखता है।

बड़ा बाज़ार आकार अक्सर विविध आवश्यकताओं और पसंदों को जन्म देता है, जिससे और अधिक विशिष्टीकरण संभव हो पाता है। इस आवश्यकता ने ऐसी कंपनियों को जन्म दिया जो विशेष वस्तुएं या सेवाएं प्रदान करने के लिए बनी थीं और जो अपने उत्पादन में पैमाने की अर्थव्यवस्था (economies of scale) प्राप्त करना चाहती थीं। उन्होंने अपने उत्पादों के विशिष्ट पहलुओं को बेहतर बनाने के लिए संसाधन और विशेषज्ञता केंद्रित की, जिससे श्रम विभाजन और परिष्कृत हुआ और नवाचार को जन्म मिला।

ग्राहकों की खोज ने इन कंपनियों को नए भूभागों की खोज के लिए प्रेरित किया। उन्होंने नाविकों की भर्ती की, समुद्रों के पार यात्राएं शुरू कीं और इस प्रकार वैश्विक व्यापार की एक नई लहर का प्रारंभ हुआ।

६. जल परिवहन की भूमिका

स्मिथ के अनुसार व्यापार को साकार रूप देने में जल परिवहन सबसे महत्वपूर्ण कारक है। कई प्राचीन सभ्यताएं नदियों के किनारे विकसित हुईं—क्योंकि ये जीवन, कृषि, परिवहन और व्यापार के लिए अनेक सुविधाएं प्रदान करती थीं। मेसोपोटामिया, जिसे 'सभ्यता की जननी' कहा जाता है, टिगरिस और यूफ्रेटिस नदियों के बीच स्थित थी। प्राचीन मिस्र की सभ्यता नील नदी के किनारे फली-फूली। चीन की प्राचीन सभ्यता ह्वांग हो और यांग्त्से नदियों के किनारे विकसित हुई। भारत में वाराणसी और पाटलिपुत्र जैसी नगरियां गंगा नदी के किनारे जन्मीं—संस्कृति, व्यापार और धार्मिक गतिविधियों के केंद्र के रूप में।

आधुनिक विश्व के इतिहास में निर्णायक मोड़ तब आया जब यूरोपीय सेनाओं ने एशिया, अफ्रीका और अमेरिका पर विजय प्राप्त की। वे सेनाएं आधुनिक हथियारों से लैस थीं और समुद्री मार्गों के ज़रिए दूर-दराज़ के भूभागों तक पहुँचने में सक्षम हुईं।

> "[समुद्रतटों और नौसंचारी नदियों के किनारे] हर प्रकार की उद्योगशीलता स्वाभाविक रूप से स्वयं को विभाजित और परिष्कृत करना प्रारंभ करती है। यह अक्सर बहुत समय बाद होता है जब ये उन्नतियां देश के भीतरी भागों में पहुँचती हैं ... संसार के दूरस्थ हिस्सों के बीच बहुत कम या कोई वाणिज्य हो सकता था। क्या कोई भी वस्तु लंदन और कलकत्ता के बीच स्थलीय मार्ग से परिवहन का खर्च सह सकती थी? और यदि कोई वस्तु इतनी मूल्यवान होती भी कि यह खर्च उठा सके, तो भी क्या इतनी असुरक्षित भूमि से होकर उसका परिवहन संभव होता? किंतु आज ये दोनों नगर एक-दूसरे से महत्वपूर्ण व्यापार

करते हैं और एक-दूसरे की उद्योगशीलता को बल प्रदान करते हैं।"
(वेल्थ ऑफ नेशन्स I. ३. ३)

अतः यह आश्चर्यजनक नहीं है कि समुद्री व्यापार आज भी आधुनिक अर्थव्यवस्था की रीढ़ है। जहाज विशाल मात्रा में वस्तुएं एक स्थान से दूसरे स्थान तक ले जा सकते हैं, और समुद्री मार्ग विश्व के लगभग हर कोने को जोड़ते हैं, जिससे राष्ट्रों और महाद्वीपों के बीच व्यापार संभव होता है। आज विश्व के ९०% से अधिक व्यापार का संचालन समुद्र द्वारा होता है। केवल वस्तुएं ही नहीं, ऊर्जा संसाधन जैसे तेल और प्राकृतिक गैस भी समुद्री मार्ग से ही स्थानांतरित किए जाते हैं।

७. यंत्रों के साथ श्रम-विभाजन

तकनीकी प्रगति और स्वचालन ने श्रम-विभाजन की परंपरा को एक नए स्वरूप में ढाल दिया है। अब दोहरावपूर्ण और नियमित कार्य मशीनों को सौंप दिए गए हैं, जबकि मनुष्यों से उन कार्यों की अपेक्षा है, जिनमें सृजनात्मकता, आलोचनात्मक सोच और भावनात्मक बुद्धिमत्ता की आवश्यकता होती है। विकसित अर्थव्यवस्थाएँ आज सेवा-आधारित प्रणाली की ओर अग्रसर हैं, जहाँ स्वास्थ्य, शिक्षा, वित्त और मनोरंजन जैसे क्षेत्र प्रमुख भूमिका निभाते हैं, और इनकी विविध माँगों को पूरा करने के लिए श्रम-विभाजन आवश्यक हो गया है। श्रम-विभाजन की इस धारणा ने न केवल व्यक्तियों और संगठनों में, बल्कि संप्रभु राष्ट्रों के बीच भी विशिष्टताओं का निर्माण किया है — जिससे दक्षता और उत्पादन क्षमता में अभूतपूर्व वृद्धि हुई है। परन्तु यह मात्र यांत्रिक विशेषीकरण नहीं है, बल्कि एक अंतःनिर्भर संरचना है, जहाँ जटिल वैश्विक समस्याओं के समाधान के लिए विभिन्न क्षेत्रों के विशेषज्ञों को सहयोग में आना पड़ता है। यही नहीं, स्वतंत्र पेशेवरों और गिग-आर्थिक मंचों ने कार्य को और भी लचीला और गतिशील बना दिया है, जहाँ व्यक्ति एक ही समय में कई भूमिकाओं और परियोजनाओं से जुड़ सकते हैं। सरकारी तंत्र भी इससे अछूता नहीं रहा — रक्षा, शिक्षा, स्वास्थ्य और अधोसंरचना जैसे क्षेत्रों में विभागीय विभाजन इसी श्रम-विभाजन का अंग हैं।

आज का वैश्विक श्रम-विभाजन विशिष्टता, लचीलापन और सहयोग की त्रयी पर टिका है, जिसे वैश्वीकरण, तकनीकी नवाचार और बदलती उपभोक्ता प्रवृत्तियों ने और भी गहरा किया है। शायद इसीलिए जो राष्ट्र आज सबसे समृद्ध हैं, वे ही "Ease of Doing Business" को सर्वोच्च प्राथमिकता देते हैं। और यह भी तथ्य है कि श्रमिकों का सम्मान जितना आज आधुनिक समाज में बढ़ा है, उतना अतीत में कभी नहीं था। स्मिथ इसे अपने समय के ब्रिटिश समाज की सबसे बड़ी शक्ति मानते थे।

> "जहाँ हर व्यक्ति को अपने श्रम के फल पर कानूनी अधिकार प्राप्त था, और यही सुरक्षा किसी भी राष्ट्र को समृद्ध बना सकती थी, भले ही उसमें व्यापार से जुड़े दर्जनों विचित्र नियम क्यों न हों।" (वेल्थ ऑफ नेशन्स IV. ५. ८०)

८. निष्कर्ष – जब यंत्र मानव का स्थान ले लें

आदम स्मिथ की दृष्टि में मनुष्य स्वयं, उसकी नैतिकताएँ, और उसके मूल्य समाज के भीतर हुए पारस्परिक संवाद से ही जन्म लेते हैं — अर्थात् "दूसरों" के साथ निरंतर अंतःक्रिया से ही हमारी चेतना आकार पाती है। इसलिए विकसित राष्ट्रों में बौद्धिक संपदा का आदर किया जाता है, और जहाँ इसका सम्मान नहीं होता, वहाँ विकास भी एक सीमा से आगे नहीं बढ़ता। लेकिन जब "दूसरे" अब मानव नहीं रह जाते — जब संवाद, सोशल मीडिया, वेबसाइटों, ऐप्स, गेम्स और चैटबॉट्स के माध्यम से मनुष्य मशीनों के साथ संवाद करने लगता है — तब श्रम-विभाजन की आधारशिला ही डगमगाने लगती है। जब हमारी सामाजिक संरचनाएँ, हमारी मनोवृत्तियाँ, और यहाँ तक कि हमारी सोच भी कृत्रिम बुद्धिमत्ता द्वारा ढाली जाने लगे — तब यह प्रश्न उठता है कि क्या यह नई "अदृश्य शक्ति" वास्तव में स्मिथ की कल्पना के अनुरूप सामाजिक समृद्धि को जन्म देगी, या फिर यह समाज में असमानताओं को और बढ़ा देगी? यदि कोई एआई प्रणाली कोई भूल करती है, तो उसका उत्तरदायी कौन होगा? क्या यह यंत्र सामाजिक पक्षपात को न केवल बनाए रखेगी, बल्कि उसे और तीव्र भी

करेगी? यह प्रश्न केवल तकनीकी नहीं, नैतिक भी है। स्मिथ की अदृश्य शक्ति स्वाभाविक प्रतिस्पर्धा और पारस्परिक लाभ पर आधारित थी, किंतु एआई एक ऐसी शक्ति बनती जा रही है, जो मानव की आत्मनिर्भरता को चुनौती देती है। फिर भी, यह भी सत्य है कि एआई, यदि विवेकपूर्ण और नैतिक आधारों पर विकसित की जाए, तो वह स्वास्थ्य, परिवहन, वित्त और शासन के क्षेत्र में निर्णय लेने की दक्षता को कई गुना बढ़ा सकती है — जैसे बाजार अपने आप संसाधनों का आवंटन करता है, वैसे ही एआई भी सुविचारित डेटा-संचालित निर्णयों से समाज के व्यापक हित को साध सकती है। परंतु यही वह बिंदु है जहाँ सावधानी की सर्वाधिक आवश्यकता है। यदि एआई का नियंत्रण कुछ गिने-चुने संपन्न हाथों में सिमट गया, तो यह तकनीक समता के स्थान पर विषमता का बीज बो सकती है। जब किसी निर्णय के मूल में एक अपारदर्शी एल्गोरिथ्म हो, तब जवाबदेही कहाँ तय होगी? स्मिथ की अदृश्य शक्ति जितनी नैतिक और जैविक थी, उतनी ही पारदर्शी भी, जबकि एआई के निर्णय अकसर न तो नैतिक होते हैं, न पारदर्शी। इसलिए भविष्य की सामाजिक संरचना में यह अत्यंत आवश्यक होगा कि हम एआई की क्षमताओं का उपयोग सामाजिक कल्याण के लिए करें, और साथ ही उसकी सीमाओं, खतरों, और नैतिक जटिलताओं को भी स्पष्ट रूप से पहचानें — तभी हम उस संतुलन को प्राप्त कर पाएँगे, जिसमें मानवता की चेतना और यंत्र की शक्ति दोनों मिलकर एक विवेकशील भविष्य की रचना कर सकें।

अध्याय ६

मुक्त बाज़ार

१. मुक्त बाजार की विचारधारा

मुक्त बाज़ार के पैरोकार कहते हैं — "समाज की भलाई के लिए पहले स्वयं को सशक्त बनाना ज़रूरी है।" वे मानते हैं कि यदि हम अपने लिए अच्छा करेंगे, तो एक अदृश्य शक्ति सभी के लिए अच्छा कर देगी। यह विचारधारा व्यक्ति को प्रेरित करती है कि वह स्वयं को तराशे, दक्ष बने, और अधिक उत्पादनशील बने — ताकि उससे जुड़ा समूह, चाहे परिवार हो, समुदाय हो या राष्ट्र — सामूहिक रूप से समृद्ध हो सके। अर्थव्यवस्था के स्तर पर, जहां मुक्त बाज़ार समर्थक कम सरकारी हस्तक्षेप और अधिक 'स्वतंत्रता' की मांग करते हैं, वहीं आमजन अधिक 'समानता' और सरकार की भागीदारी चाहते हैं।

एक समाज वही करता है जो उसके लोग चाहते हैं। माता-पिता अपने बच्चों को शिक्षित करना चाहते हैं ताकि वे उत्पादक बन सकें। जब विद्यार्थियों की संख्या बढ़ती है, तो अधिक शिक्षक चाहिए होते हैं, और नए विद्यालय खुलते हैं। जब कोई बीमार होता है, तो समाज चाहता है कि वह शीघ्र स्वस्थ होकर काम पर लौटे — परिणामस्वरूप अच्छे अस्पताल बनते हैं। आधुनिक परिवारों में, जब पति-पत्नी दोनों काम करते हैं, तो उन्हें तैयार भोजन और घरेलू सहायक सेवाओं की आवश्यकता होती है।

एडम स्मिथ ने सोचा कि यदि समुदाय का प्रत्येक व्यक्ति इस स्वतंत्रता में जीता रहे कि वह किसी भी वस्तु या सेवा का उत्पादन कर सके, और उसे दूसरों से विनिमय कर सके, तो सबकुछ स्वतः संतुलित होता रहेगा — मानो किसी

'अदृश्य हाथ' द्वारा सब कुछ सुसंचालित हो रहा हो। जैसे-जैसे अर्थव्यवस्था बढ़ती है, नए-नए व्यवसायों का जन्म होता है।

'अदृश्य हाथ' एक ऐसा वाक्यांश है जो अक्सर मुक्त बाज़ार की कार्यप्रणाली को समझाने के लिए प्रयुक्त होता है। इसका आशय यह है कि वस्तुओं की कीमतें स्वाभाविक रूप से उस स्तर पर टिक जाती हैं, जहां लोग उन्हें खरीदने को तैयार होते हैं। इसका परिणाम एक प्रतिस्पर्धी वातावरण होता है, जहां कंपनियाँ ग्राहकों को आकर्षित करने के लिए कीमतें घटाने का प्रयास करती हैं।

२. अदृश्य हाथ का सिद्धांत

मुक्त बाज़ार में न्याय और संतुलन बनाए रखने की जो अवधारणा है, वह है 'अदृश्य हाथ'। यह मांग और आपूर्ति के सिद्धांत पर आधारित है। यदि किसी वस्तु या सेवा की आपूर्ति बहुत अधिक हो जाती है, तो यह 'हाथ' मांग को नियंत्रित करता है और उसे घटाता है — और जब आपूर्ति कम हो जाती है, तो मांग को बढ़ा देता है।

जब किसी वस्तु के लिए बहुत अधिक विक्रेता बाज़ार में होते हैं, तो उस वस्तु की कीमत गिरने लगती है। इससे कुछ विक्रेता धीरे-धीरे बाज़ार से हट जाते हैं। लेकिन यदि बहुत अधिक विक्रेता हट जाएँ, तो कीमतें फिर से बढ़ने लगती हैं। यह कार्य किसी एक व्यक्ति के इशारे पर नहीं होता, बल्कि यह समष्टिगत प्रभाव होता है — मानो किसी 'अदृश्य हाथ' ने इसे संचालित किया हो।

> "जैसे प्रत्येक व्यक्ति यथासंभव अपनी पूंजी को घरेलू उद्योग के समर्थन में लगाता है और उस उद्योग को इस प्रकार निर्देशित करता है कि उसका उत्पादन अधिकतम मूल्य का हो, वैसे ही प्रत्येक व्यक्ति आवश्यक रूप से समाज की वार्षिक आय को अधिकतम करने का प्रयास करता है। वह प्रायः न तो सार्वजनिक हित को बढ़ावा देने का उद्देश्य रखता है, और न ही यह जानता है कि वह कितना कुछ कर रहा है ... वह केवल अपनी सुरक्षा चाहता है; और उस उद्योग को इस प्रकार निर्देशित करके कि उसका

उत्पादन सबसे अधिक मूल्य का हो, वह केवल अपने लाभ की इच्छा करता है, और इसी में, जैसे कि कई अन्य मामलों में, वह एक अदृश्य हाथ द्वारा उस लक्ष्य की प्राप्ति करता है जो उसके इरादों का हिस्सा ही नहीं था।" (वेल्थ ऑफ नेशन्स IV. २. ९)

जब लोग बाज़ार में सामान खरीदने या बेचने जाते हैं, तो वे कीमतों के प्रति सजग होते हैं। एक 'अदृश्य हाथ' सभी लोगों की इच्छाओं और आवश्यकताओं को इस प्रकार समायोजित करता है कि अंततः एक 'संतुलित सौदों' का समूह बन जाता है। इस 'ईश्वर' के पीछे कोई विशेष धर्म नहीं है, और यहां तक कि जो लोग ईश्वर में विश्वास नहीं करते, वे भी मानते हैं कि यदि इस अदृश्य हाथ को स्वतंत्रता दी जाए, तो व्यक्तियों द्वारा किए गए सभी सौदे अंततः एक संतुलित स्थिति में पहुँचते हैं — जिसे अर्थशास्त्री 'संतुलन' कहते हैं।

यह 'हाथ' न तो किसी अनुबंध पर हस्ताक्षर करता है, न किसी के द्वारा संचालित होता है, फिर भी यह होता है। परंतु यह न तो अराजक है, न ही जादुई। विज्ञान का सार ही यह है कि हम यह समझने का प्रयास करें कि यह सब कैसे और क्यों घटित होता है। विज्ञान एक निरंतर खोज है — उस सच्चाई की, जो हमारे चारों ओर विद्यमान है। यह खोज ब्रह्मांड की रचना से लेकर मानव व्यवहार तक फैली होती है — हम यह जानना चाहते हैं कि सब कुछ किस तरह से काम करता है।

३. अर्थशास्त्र के प्रकार

क्या बाज़ार वास्तव में 'मुक्त' है? यह प्रश्न कुछ-कुछ वैसा ही है जैसे पूछा जाए कि क्या मनुष्य का भाग्य निर्धारित है या उसे स्वतंत्र इच्छा प्राप्त है? दार्शनिकों और वैज्ञानिकों के पास इस पर अनेक उत्तर हैं। जब मनुष्य बिना बाहरी प्रभाव के निर्णय ले सके, तब कहा जाता है कि उसे स्वतंत्र इच्छा प्राप्त है।

बाज़ारों के बारे में भी यही बात लागू होती है — परंतु यथार्थ इससे अधिक जटिल है। यहां खरीदारों और विक्रेताओं की भावनाएं, इच्छाएं और भ्रामक प्रवृत्तियाँ बाजार को अपरिसीम जटिल बनाती हैं। फिर आपूर्ति शृंखला में

मध्यस्थ होते हैं, कुछ तो परजीवी जैसे — जो स्वयं कुछ न बनाते हुए भी लाभ अर्जित करते हैं। ऐसे विभिन्न तत्व बाज़ार को एक अनिश्चित और अनियंत्रित प्रणाली में बदल देते हैं, और इसी असमंजस के कारण 'बाज़ार पूर्वानुमान' एक विशिष्ट पेशा बन गया है।

एडम स्मिथ की छवि आज भी दो सदियों के बाद भी आर्थिक चिंतन की धुरी बनी हुई है। अपनी प्रसिद्ध रचना The Wealth of Nations में उन्होंने नैतिक अनुभूतियों से हटकर राजनीतिक अर्थव्यवस्था की ओर रुख किया — यानि व्यक्ति के 'आचरण' से हटकर 'संस्थागत सुधार' की ओर। इसके पश्चात, अधिकांश अर्थशास्त्रियों ने नैतिक उपदेश देने से परहेज़ किया और केवल सार्वजनिक नीतियों और संस्थाओं के सुधार पर ध्यान केंद्रित किया।

> "... स्मिथ ने 'मोरल सेंटिमेंट्स' में जो प्रस्तुत किया था, उसे कभी त्यागा नहीं। बल्कि उन्होंने उसी दृष्टिकोण को और अधिक उदाहरणों के साथ आगे बढ़ाया, यहां तक कि जब वे 'द वेल्थ ऑफ नेशन्स' लिख रहे थे, तब भी। 'मोरल सेंटिमेंट्स' का पहला संस्करण १७५९ में प्रकाशित हुआ, फिर दूसरा संस्करण १७६१, तीसरा १७६७, चौथा १७७४ में। 'द वेल्थ ऑफ नेशन्स' के प्रकाशन के पाँच वर्ष बाद आया पाँचवाँ संस्करण, और फिर अंतिम — और काफी विस्तृत — संस्करण, छठा, १७९० में, स्मिथ की मृत्यु के ठीक पहले।" (टीएमएस, ix)

'मेनलाइन इकोनॉमिक्स' उस धारणा को दर्शाता है जो एडम स्मिथ के बाद सामाजिक व्यवस्था के कुछ श्रेष्ठ विचारों को समाहित करता है। ऑस्ट्रियन-ब्रिटिश दार्शनिक एफ.ए. हायक (१९७४), अमेरिकी अर्थशास्त्री जेम्स एम. बुकेनन (१९८६), ब्रिटिश अर्थशास्त्री रॉनल्ड कोस (१९९१), अमेरिकी अर्थशास्त्री डगलस सी. नॉर्थ (१९९३), वर्नन एल. स्मिथ (२००२), और राजनीतिक वैज्ञानिक एलिनॉर ऑस्ट्रॉम (२००९) को अर्थशास्त्र में नोबेल पुरस्कार मिला। ऑस्ट्रियन स्कूल, पब्लिक चॉइस स्कूल और न्यू-इंस्टिट्यूशनल

इकोनॉमिस्ट — ये सभी 'मेनलाइनर्स' कहलाते हैं। संक्षेप में कहें, तो यह 'अच्छे लोगों के लिए अर्थशास्त्र' है।

द्वितीय विश्व युद्ध के बाद यह धारणा लोकप्रिय हुई कि अर्थशास्त्र का मूल उद्देश्य यह जानना है कि व्यक्ति अपनी सीमित पूँजी से अधिकतम लाभ कैसे प्राप्त करता है, और कंपनियाँ अपने उत्पादों से अधिकतम मुनाफा कैसे कमाती हैं। कुछ कंपनियाँ अल्पकालिक लाभ के लिए प्रयास करती हैं, जबकि अन्य दीर्घकालिक सोच अपनाती हैं। यही विचार धीरे-धीरे लोकप्रिय हुआ और 'मेनस्ट्रीम इकोनॉमिक्स' कहलाया।

मुख्यत: अर्थशास्त्र को पांच मूलभूत स्तंभों के संदर्भ में समझा जा सकता है — भूमि, व्यापार, श्रम, राज्य, और कानूनी-संस्थागत ढांचा।

४. उद्यमिता-आधारित अर्थ व्यवस्था

ऑस्ट्रियाई राजनीतिक अर्थशास्त्री जोसेफ शुम्पेटर, जो १९१९ में थोड़े समय के लिए ऑस्ट्रिया के वित्त मंत्री रहे, और बाद में अमेरिका चले गए और १९४२ में अपनी प्रसिद्ध पुस्तक Capitalism, Socialism, and Democracy प्रकाशित की। शुम्पेटर ने पूंजीवाद को निरंतर नवाचार और 'रचनात्मक विनाश' की एक विकासशील प्रक्रिया बताया। अपने व्यावसायिक चक्र और विकास के सिद्धांत में उन्होंने उद्यमी को आर्थिक नायक घोषित किया। आगे चलकर जेफ़ बेजोस ने अमेज़न और स्टीव जॉब्स ने एप्पल की स्थापना कर शुम्पेटर की बात को सही साबित कर दिखाया।

शुम्पेटर ने यूरोप के आज के हालात की भविष्यवाणी पहले ही कर दी थी—कि लोकतांत्रिक बहुमत उद्यमिता पर नियंत्रण लगाने के पक्ष में मतदान करेंगे। श्रमिकों की आत्म-प्रबंधन प्रणाली, औद्योगिक लोकतंत्र और विनियामक संस्थान राजनीतिक प्रक्रिया से इतर विकसित होंगे और 'पूंजीवाद' पर रोक लगाएंगे। अनुचित व्यापार प्रथाओं के विरुद्ध कानून, उपभोक्ता संरक्षण के नियम, पर्यावरण-संरक्षण से जुड़े नियम और मुद्रा-संबंधी नियंत्रण—ये सब विनियमन के उदाहरण हैं। ये नियम दीर्घकाल में एक समरस स्तर तैयार करते

हैं, स्थिरता बनाए रखते हैं और सार्वजनिक हित की रक्षा करते हैं। स्मिथ ने भी विनियमन के पक्ष में अपनी सहमति दी थी।

> "जिस व्यक्ति की सार्वजनिक भावना पूरी तरह मानवीयता और परोपकार से प्रेरित हो, वह राज्य में विभाजित विभिन्न समुदायों और संगठनों के साथ-साथ व्यक्तिगत विशेषाधिकारों का भी सम्मान करेगा। भले ही वह कुछ व्यवस्थाओं को दोषपूर्ण माने, वह उन्हें पूरी तरह नष्ट करने के बजाय, उन्हें केवल सीमित करने पर ही संतोष करेगा।" (टीएमएस VI. II. II. १६)

कई अर्थशास्त्रियों ने नोबेल पुरस्कार प्राप्त करते हुए यह साबित करने की कोशिश की है कि व्यापार लाभों को सामाजिक हित में बदलना भी अनिवार्य है। जैसे ही समाज यह मानने को तैयार हो जाता है कि मनुष्य का व्यवहार पूर्णतः पूर्वानुमेय नहीं है, अर्थशास्त्री उन्हें परमाणुओं या अणुओं की तरह मॉडल करके यह दिखा सकते हैं कि 'अदृश्य हाथ' कैसे काम करता है। कुछ अन्य अर्थशास्त्रियों ने यह भी दिखाया कि निवेशक हालिया घाटे वाले शेयरों को पकड़ कर रखते हैं, जो आर्थिक दृष्टि से तर्कहीन है। बाज़ार में एक महत्वपूर्ण कारक 'भीड़ का अनुसरण' है। शोधकर्ताओं ने इन प्रवृत्तियों के आधार पर ऐसे सटीक वित्तीय मॉडल तैयार किए हैं, जिनमें शेयरों की कीमतें वास्तविक जीवन की तरह घटती-बढ़ती हैं, बुलबुले बनते हैं और संकट आते हैं।

५. चक्रीय अर्थव्यवस्था

क्या हर कोई धन के मामले में समान नियमों का पालन करता है? आय वितरण का सिद्धांत १८९७ में इतालवी अभियंता और बाद में अर्थशास्त्री बने विल्फ्रेडो पैरेटो ने प्रस्तुत किया। यह सिद्धांत रसायनशास्त्र या ऊष्मागतिकी के नियमों की तरह सार्वभौमिक है—जैसे-जैसे आय स्तर बढ़ता है, उस स्तर पर पहुंचने वाले लोगों की संख्या एक नियत अनुपात से घटती है। देश चाहे जो भी हो, यह पैटर्न लगभग समान रहता है। आश्चर्य नहीं कि किसी भी अर्थव्यवस्था में सबसे

गरीब लोग सबसे बड़ी संख्या में होते हैं। अमेरिका में केवल २०% लोग देश की लगभग ८०% संपत्ति के स्वामी हैं। हालांकि यह ८०-२० अनुपात सार्वभौमिक नहीं है—यह ९०-१० या ९५-५ भी हो सकता है। लेकिन मूल तथ्य यही है: थोड़े से लोग बहुत अधिक धन रखते हैं।

किसी एक व्यक्ति के अधिक सफल होने के पीछे कारण समझना आसान है—विरासत और शिक्षा इसका बड़ा हिस्सा हैं। डॉक्टर या बैंकर माता-पिता के बच्चे प्रायः उन्हीं क्षेत्रों में जाते हैं, जबकि शहरों में गरीबी में जन्मे बच्चे आजीवन संघर्ष करते रहते हैं और अपने परिवेश से बाहर नहीं निकल पाते। लेकिन पैरेटो का वितरण सिद्धांत लोगों के बारे में नहीं है, बल्कि नेटवर्क के बारे में है—क्योंकि लोग नेटवर्क में रहते हैं और उनकी संपत्ति मुख्यतः उनके संपर्क-जाल पर निर्भर करती है। अपवाद होते हैं, पर सामान्य नियम यही है।

हम अर्थव्यवस्था को एक ऐसे समूह की तरह समझ सकते हैं, जहाँ लोग लगातार आपसी लेनदेन में लगे रहते हैं। प्रत्येक व्यक्ति के पास कुछ न कुछ धन हमेशा रहता है, जो दो तरीकों से बदलता रहता है: एक, कंपनी से काम के बदले मिलने वाला मेहनताना; दूसरा, इसे खर्च करना—भोजन, आवास, परिवहन या मनोरंजन में। धन इन लेनदेन के माध्यम से एक व्यक्ति से दूसरे तक, नेटवर्क की कड़ियों से होकर प्रवाहित होता रहता है।

दूसरी ओर, लोग जमीन खरीदते हैं, संपत्ति बनाते हैं और अपने धन को हीरे, सोना, चांदी जैसे स्थिर साधनों में परिवर्तित कर देते हैं। धन का प्रवाह इस नेटवर्क में उसी तरह बना रहता है जैसे पाइपों में पानी बहता है। लेकिन जब धन संपत्तियों में स्थिर हो जाता है, तो यह आर्थिक परिदृश्य को प्रभावित करता है—बूम और बस्ट की स्थितियाँ पैदा करता है। फिर भी, यदि लेनदेन जारी रहें, तो कुल संपत्ति का स्तर धीरे-धीरे बढ़ता जाता है। भले ही व्यक्तिगत संपत्तियाँ उतार-चढ़ाव का शिकार हों, सम्पूर्ण वितरण में एक पूर्वानुमेय स्वरूप बना रहता है।

यह कोई रहस्य नहीं है कि कुछ लोग ही अधिक धनवान क्यों होते हैं—यह एक साधारण तत्त्व है। सामान्यतः, यदि नेटवर्क में धन प्रवाह जारी रहे, तो संपत्ति का असमान वितरण घटता है। लेकिन समस्या तब आती है जब लोग धन को

रोक कर रखते हैं या उसे व्यावसायिक चक्र से बाहर कर देते हैं। जैसे-जैसे धन का विनिमय अधिक बार होता है, आर्थिक समानता में सुधार होता है। परंतु साथ ही यह भी सत्य है कि जोखिमपूर्ण निवेशों के कारण अमीर और भी अमीर हो जाते हैं।

> "राजनीतिक अर्थनीति का कार्य दो स्पष्ट लक्ष्यों की प्राप्ति है: पहला—जनसाधारण को पर्याप्त आय या साधन उपलब्ध कराना ताकि वे स्वयं के लिए जीविका अर्जित कर सकें; और दूसरा—राज्य या राष्ट्र को सार्वजनिक सेवाओं हेतु पर्याप्त राजस्व प्रदान करना... समाज के गरीब और उपेक्षित वर्गों के पक्ष में हस्तक्षेप आवश्यक है... यह एक बहु-संस्थागत ढाँचे की माँग करता है और ऐसे सामाजिक मूल्यों के रक्षक की, जो लाभ-प्रेरणा से परे हों।" (टीएमएस, p. xiv)

भारत में वस्तु एवं सेवा कर को स्वतंत्रता के बाद की सबसे महत्वपूर्ण कर सुधारों में से एक माना जाता है। भारत की कर-प्रणाली कई स्तरों वाली थी—जिसमें वैट, सेवा कर, आयात शुल्क आदि शामिल थे। GST ने इन सबको समाप्त कर एक एकीकृत कर-प्रणाली प्रस्तुत की, जिससे व्यवस्था अधिक पारदर्शी और कुशल हो गई।

> "किसी देश के आंतरिक व्यापार में लगा पूंजी धन प्रायः अधिक मात्रा में उत्पादक श्रम को प्रोत्साहित करता है और उसके वार्षिक उत्पादन के मूल्य को बढ़ाता है... किसी देश की समृद्धि और—जहाँ शक्ति समृद्धि पर निर्भर करती है—उस देश की शक्ति, अंततः उसके वार्षिक उत्पादन के मूल्य के अनुपात में ही होती है... हर देश की राजनीतिक अर्थनीति का उद्देश्य होना चाहिए कि वह अपने देश की समृद्धि और शक्ति को बढ़ाए।" (वेल्थ ऑफ नेशन्स II. V. ३१)

जीएसटी ने कर-आधार को विस्तृत किया, जिससे हर स्तर पर आर्थिक गतिविधियाँ कर के दायरे में आ गईं। पहले छोटे व्यवसाय कर नहीं देते थे, जिससे सरकार को राजस्व हानि होती थी। साथ ही अलग-अलग कर दरों

के कारण राज्यों के बीच बाधाएं थीं। जीएसटी ने इन बाधाओं को समाप्त कर आवाजाही को सरल बनाया, परिवहन और आपूर्ति श्रृंखला को सुगम किया, लागत घटाई और प्रतिस्पर्धा बढ़ाई।

भारत सरकार करों से प्राप्त बड़ी राशि को सामाजिक कल्याण योजनाओं में लगाती है—जैसे गरीबी उन्मूलन, स्वास्थ्य सेवाएँ, शिक्षा, ग्रामीण विकास आदि। इनमें मनरेगा, राष्ट्रीय स्वास्थ्य मिशन, सर्व शिक्षा अभियान, और अन्य योजनाएँ शामिल हैं जो वंचित वर्गों को सशक्त बनाती हैं। सरकार जन धन योजना जैसे कार्यक्रमों के माध्यम से वित्तीय समावेशन को बढ़ावा देती है—जिससे उन लोगों को भी बैंकिंग सेवाएं मिलें जो अब तक इससे वंचित थे। ये योजनाएँ न केवल आर्थिक बल्कि सामाजिक रूप से भी ग्रामीण और दूरस्थ क्षेत्रों में रहने वालों के जीवन को बेहतर बनाती हैं।

६. क्या एआई बाज़ार को प्रभावित करेगा ?

आज की वैश्विक अर्थव्यवस्था में कृत्रिम बुद्धिमत्ता की भूमिका दिन-ब-दिन निर्णायक बनती जा रही है। विभिन्न उद्योगों में नौकरियों के स्वचालन की क्षमता के कारण एआई उत्पादकता और दक्षता को अभूतपूर्व रूप से बढ़ा रहा है। ग्राहक सेवा से लेकर निर्माण क्षेत्र तक, एआई से संचालित प्रणालियाँ और रोबोट न केवल कार्यों को सुव्यवस्थित करते हैं, बल्कि लागत को घटाकर संसाधनों के सर्वोत्तम उपयोग को भी संभव बनाते हैं। एआई प्रणालियाँ विशाल डेटा संग्रहों का विश्लेषण कर ऐसे अंतर्दृष्टि प्रस्तुत करती हैं, जो सरकारों और व्यवसायों को अधिक विवेकपूर्ण निर्णय लेने में सक्षम बनाती हैं। मशीन लर्निंग एल्गोरिद्म उपभोक्ता व्यवहार, बाज़ार प्रवृत्तियों और संचालन संबंधी पैटर्न को समझने में मदद करते हैं, जिससे संसाधनों का बेहतर आवंटन और अधिक सटीक रणनीति निर्माण संभव होता है।

एआई नवाचार की गति को तीव्र करता है — यह नई वस्तुओं, सेवाओं और व्यापार मॉडल्स की रचना को संभव बनाता है। कंप्यूटर विज़न, प्राकृतिक भाषा प्रसंस्करण और पूर्वानुमान विश्लेषण जैसे क्षेत्रों में एआई की प्रगति स्वास्थ्य, वित्त, परिवहन और मनोरंजन क्षेत्रों में क्रांति ला रही है। इससे नए बाज़ार खुलते हैं और आर्थिक विकास के नये रास्ते बनते हैं। एआई एल्गोरिद्म

व्यक्ति की पसंद के आधार पर उत्पादों और सेवाओं को वैयक्तिकृत करते हैं, जिससे ग्राहक अनुभव में सुधार आता है और सहभागिता बढ़ती है। उपयोगकर्ता के डेटा और व्यवहार का विश्लेषण कर, एआई-संचालित प्रणालियाँ अधिक प्रासंगिक सुझाव, सामग्री और संवाद प्रस्तुत करती हैं, जिससे ग्राहक संतुष्टि और निष्ठा में वृद्धि होती है।

एआई ने श्रम बाज़ार की संरचना में अनेक बदलाव लाए हैं। जहाँ कुछ नौकरियाँ स्वचालन की भेंट चढ़ सकती हैं, वहीं एआई विकास, डेटा विज्ञान और संबंधित क्षेत्रों में नयी नौकरियों की संभावना भी उत्पन्न होती है। इसके अतिरिक्त, एआई लोगों की क्षमताओं को बढ़ाता है, उन्हें अधिक कुशल और उच्च स्तरीय कार्यों हेतु सशक्त बनाता है, जिससे समग्र आर्थिक प्रतिस्पर्धा और उत्पादकता में इज़ाफा होता है। आपूर्ति श्रृंखला का संचालन भी एआई द्वारा सशक्त हुआ है — मांग की पूर्वानुमान क्षमता, वस्तुओं की ट्रैकिंग और लॉजिस्टिक्स के अनुकूलन ने कंपनियों को बाज़ार परिवर्तनों के अनुरूप अपनी रणनीतियाँ बदलने का अवसर दिया है, जिससे लागत में कटौती, अपव्यय में कमी और दक्षता में वृद्धि हुई है।

वित्तीय गतिविधियों, साइबर खतरों और धोखाधड़ी योजनाओं में जोखिमों की पहचान और नियंत्रण के लिए एआई एल्गोरिद्म पैटर्न और विसंगतियों का विश्लेषण करते हैं। इससे वैश्विक अर्थव्यवस्था की सुरक्षा और स्थिरता को बढ़ावा मिलता है, क्योंकि संभावित समस्याओं की पूर्व पहचान और निराकरण संभव होता है। डिजिटल बाज़ारों और लेन-देन में विश्वास कायम होता है। जो देश और कंपनियाँ एआई नवाचारों का लाभ उठाने में सक्षम हैं, वे वैश्विक अर्थव्यवस्था में नेतृत्व की ओर अग्रसर हैं। एआई के अनुसंधान, विकास और कार्यान्वयन में निवेश न केवल तकनीकी नेतृत्व, बल्कि आर्थिक विकास और अंतरराष्ट्रीय प्रभाव को भी बढ़ाता है — यह वैश्विक वित्तीय व्यवस्था की दिशा को ही परिवर्तित कर देता है।

इसमें कोई संदेह नहीं कि एआई की 'अदृश्य शक्ति' वैश्विक अर्थव्यवस्था के अनेक पहलुओं को प्रभावित कर रही है। यह दक्षता, नवाचार और विकास को गति देता है, और साथ ही उद्योगों, श्रम बाजारों और उपभोक्ता अनुभवों

की संरचना को मौलिक रूप से बदल देता है। यदि एआई की इस परिवर्तनकारी शक्ति को न्यायसंगत और टिकाऊ आर्थिक विकास के लिए उपयोग करना है, तो इसके नैतिक उपयोग, नौकरी-हानि और एल्गोरिद्मिक पक्षपात जैसी समस्याओं से गंभीरतापूर्वक निपटना होगा। जिस प्रकार श्रम-विभाजन के सिद्धांत ने मनुष्यों को विशेषीकृत कार्य करने और उत्पादन बढ़ाने का अवसर दिया, ठीक उसी तरह एआई के माध्यम से हम विश्लेषण, पूर्वानुमान और निर्णय-निर्माण की शक्ति को भी स्वचालित और सुव्यवस्थित कर सकते हैं।

७. निष्कर्ष – स्वैच्छिक कॉर्पोरेट पहल

यदि एडम स्मिथ आज जीवित होते, तो वे एआई के कारण बदलते हुए श्रम-बाजार की परिस्थितियों को देखकर चिंतित होते। वे अवश्य मानते कि विशेषज्ञता और तकनीकी विकास सकारात्मक शक्तियाँ हैं, परंतु साथ ही वे इस बात पर भी ज़ोर देते कि आर्थिक बदलावों के चलते जिन श्रमिकों की आजीविका पर संकट आया है, उनके कल्याण का भी ध्यान रखा जाना चाहिए। ऐसी परिस्थिति में, नीतियों को इस ओर मोड़ा जाना आवश्यक है कि शिक्षा और पुनःप्रशिक्षण जैसे कार्यक्रमों के माध्यम से नई नौकरियाँ उत्पन्न हों और एआई से होने वाले संभावित नुकसान को कम किया जा सके।

स्मिथ ने प्रतिस्पर्धा और मुक्त बाजार की वकालत की थी, पर साथ ही वे यह भी स्वीकार करते थे कि कभी-कभी बाज़ार को सही ढंग से संचालित करने और एकाधिकार को रोकने के लिए सरकारी हस्तक्षेप भी आवश्यक होता है। उनकी सोच आज भी प्रेरणा दे सकती है — विशेषकर डेटा-संरक्षण, एल्गोरिद्मिक पूर्वाग्रहों की रोकथाम और एआई-प्रभावित क्षेत्रों में एकाधिकार के विरुद्ध उचित विनियमों की स्थापना में।

आज सात प्रमुख अमेरिकी टेक कंपनियों ने स्वयंसेवक रूप में एआई नियमों के प्रति अपनी प्रतिबद्धता दर्शाई है — जिनमें Amazon, Anthropic, Google, Inflection, Meta, Microsoft, और OpenAI शामिल हैं, इन सभी ने एआई सुरक्षा को लेकर एक साझा रेखा खींची है। ऐसे सब कुछ ठीक प्रतीत होता दिख रहा है!

अध्याय ७

मूल्य का सिद्धांत

१. श्रम आधारित मूल्य सिद्धांत

प्रारंभ में लेन-देन का नाम था — वस्तु-विनिमय। लोग अपनी आवश्यकता की पूर्ति के लिए, जो उनके पास था, उसे उस वस्तु के बदले देते थे जिसकी उन्हें ज़रूरत थी। विनिमय की दिशा इस बात पर निर्भर करती थी कि किसे क्या चाहिए और वह क्या देने को तैयार है। वस्तुओं का मूल्य इस बात से तय होता था कि वह वस्तु व्यक्ति या समाज के लिए कितनी उपयोगी है — उनकी इच्छाओं, परिस्थितियों और आवश्यकताओं के अनुरूप। जैसे — ऊष्ण कटिबंधीय गांव में रहने वाले व्यक्ति के लिए ऊनी कंबल का क्या मूल्य होगा? या फिर ऐसे स्थान पर छाता किस काम का जहाँ वर्षा होती ही नहीं? मूल्य वस्तु में होता है, लेकिन उसकी पहचान अक्सर उसके उपयोग या स्वामित्व से मिलने वाले सुख से जुड़ जाती है।

> "मूल्य" शब्द के दो भिन्न अर्थ होते हैं... एक को कहा जा सकता है "उपयोग में मूल्य", और दूसरे को "विनिमय में मूल्य"... जल से अधिक उपयोगी कुछ नहीं; किंतु वह कुछ भी खरीद नहीं सकता, न ही उसे देकर कुछ पाया जा सकता है। (वेल्थ ऑफ नेशन्स १. ४. १३)

एडम स्मिथ पहले विचारक थे जिन्होंने यह घोषणा की कि किसी वस्तु को बनाने में जितना श्रम लगता है, वही उसके मूल्य को निर्धारित करता है। श्रम आधारित मूल्य सिद्धांतका यह विचार बताता है कि किसी भी आर्थिक व्यवस्था में श्रम की भूमिका कितनी केन्द्रीय है। समय के साथ, इस सिद्धांत में अन्य घटकों को भी जोड़ा गया, जिससे यह 'उत्पादन लागत आधारित मूल्य सिद्धांत' के रूप में विकसित हुआ।

> "इसलिए किसी भी वस्तु का मूल्य, उस व्यक्ति के लिए जो उसे स्वयं उपयोग नहीं करना चाहता, बल्कि उसे अन्य वस्तुओं के लिए विनिमय करना चाहता है, उस श्रम की मात्रा के बराबर है जिसे वह खरीद सकता है या प्राप्त कर सकता है। अतः श्रम ही सभी वस्तुओं के विनिमेय मूल्य का वास्तविक मापदंड है।" (वेल्थ ऑफ नेशन्स १. ५. १)

> "इसलिए केवल श्रम ही — जो अपने मूल्य में कभी परिवर्तन नहीं करता — वह अंतिम और वास्तविक मापदंड है, जिससे हर समय और हर स्थान पर वस्तुओं के मूल्य का आकलन और तुलना की जा सकती है। श्रम उनका वास्तविक मूल्य है; मुद्रा तो केवल उनका नाममात्र मूल्य है।" (वेल्थ ऑफ नेशन्स १. ५. ७)

किन्तु, आज जब लगभग हर विनिमय में मुद्रा का प्रयोग होता है, तब किसी वस्तु की कीमत केवल एक 'अनुमानित' मूल्य रह जाती है — जिसका वास्तविक आधार फिर भी श्रम ही होता है। स्मिथ कहते हैं कि बाज़ार मूल्य में जो उतार-चढ़ाव दिखाई देते हैं, वे केवल श्रम के स्थिर मूल्य से नहीं समझाए जा सकते। इसके बजाय, ये परिवर्तन उन मुद्रा वस्तुओं (जैसे — सोना, चाँदी) में आने वाले बदलावों से होते हैं जिनसे वस्तुएँ खरीदी जाती हैं। यह बाज़ारी प्रक्रिया चाहे जितनी जटिल हो, मूल्य का आधार मानव श्रम ही बना रहता है।

२. आवश्यकता बनाम व्यापार

जब मनुष्य समुदायों में रहने लगा, तब कार्यों का बँटवारा भी हुआ। हर व्यक्ति अपने काम में श्रेष्ठ बनने का प्रयास करने लगा। प्रारंभ में उसकी सेवाओं का मूल्य वस्तु-विनिमय से चुकाया गया, और बाद में उसे मुद्रा में भुगतान मिलने लगा। इस ऐतिहासिक कथा का मूल आधार है — श्रम और व्यापार — जो हमें आर्थिक सिद्धांत के क्रमिक विकास से जोड़ता है। भूखे व्यक्ति के लिए सबसे मूल्यवान वस्तु भोजन है। जीविका आधारित कृषि, जो आज भी अफ्रीका सहित अनेक क्षेत्रों में प्रचलित है — में किसान केवल इतना ही उगाते हैं कि अपने और अपने परिवार की आवश्यकताओं की पूर्ति हो सके। बाजार में केवल बचा हुआ हिस्सा ही बेचा जाता है। यह कृषि जीवन निर्वाह का माध्यम है, परन्तु जब समाज को अधिक भोजन चाहिए, तो वह इन किसानों के पास आता है — उन्हें अधिक उगाने के लिए प्रोत्साहित करता है, और विनिमय आरंभ होता है।

> "हर वस्तु की वास्तविक कीमत, वह श्रम और कष्ट है जो उसे प्राप्त करने में लगता है।" (वेल्थ ऑफ नेशन्स १. ५. १-२)

अधिक उगाने के लिए किसानों को औज़ार चाहिए होते हैं, और दूसरों के श्रम की भी आवश्यकता होती है। एक किसान लोहार को अनाज देता है, और बदले में लोहार उसे उपकरण या अन्य वस्तुएँ प्रदान करता है। नगर के सभी लोग — जुताई, बुवाई और कटाई में भाग लेते हैं, और भोजन का मूल्य वे अपनी बनाई वस्तुओं से चुकाते हैं। इस दृष्टि से देखा जाए तो — श्रम ही मूल्य की रचना करता है और व्यापार को संभव बनाता है। मनुष्य श्रम करता है, वस्तुएँ बनाता है, सेवाएँ प्रदान करता है — और फिर उन्हीं के बदले में अन्य वस्तुएँ व सेवाएँ प्राप्त करता है। यही तो है आर्थिक गतिविधि की धुरी और यही है समाज में श्रम की प्रतिष्ठा का प्रमाण।

> "श्रम ही पहली कीमत था, वह मूल खरीद-मूल्य जिससे सभी वस्तुओं का भुगतान हुआ। यह न तो सोने से और न ही चाँदी से, बल्कि श्रम से ही था कि संसार की सारी संपत्ति मूल रूप में खरीदी गई; और इसका मूल्य, उन लोगों के लिए जो इसे रखते हैं और इसे किसी नये उत्पादन के बदले में विनिमय करना चाहते हैं, ठीक उतना ही होता है जितना श्रम यह उन्हें खरीदने या अधीन करने में सक्षम बनाता है।" (वेल्थ ऑफ नेशन्स I. ५. २)

३. मुद्रा का इतिहास

वस्तु विनिमय की इस प्रणाली में अनेक व्यावहारिक समस्याएँ थीं — प्रमुख समस्या थी 'इच्छाओं का दोहरा संयोग'। अर्थात्, व्यापार तभी संभव था जब दोनों पक्षों के पास वह वस्तु हो जिसकी दूसरे को आवश्यकता हो। जैसे-जैसे समाज अधिक जटिल हुआ, यह समस्या और स्पष्ट हुई। तब कुछ वस्तुएँ उभर कर सामने आईं जो सार्वभौमिक रूप से स्वीकार्य थीं और जिनका मूल्य स्थिर माना जाता था और ये ही धीरे-धीरे विनिमय का माध्यम बनीं।

> "इसलिए यह अधिक स्वाभाविक प्रतीत होता है कि किसी वस्तु के विनिमय मूल्य का आकलन उस वस्तु की तुलना में किया जाए जिसे वह खरीद सकती है, बजाय उस श्रम के जिसे वह प्राप्त कर सकती है... इसी कारणवश, प्रायः किसी वस्तु का विनिमय मूल्य उस मुद्रा की मात्रा से आँका जाता है, न कि उस श्रम या अन्य वस्तु की मात्रा से जिसे उसके बदले पाया जा सकता है।" (वेल्थ ऑफ नेशन्स १. ५. ५-६)

परंतु जैसे-जैसे जनसंख्या बढ़ी और वस्तुओं की आपूर्ति अपर्याप्त हो गई, मूल्य का निर्धारण मांग के आधार पर होने लगा। जो वस्तु अधिक लोगों की आवश्यकता बन गई, वही 'मूल्यवान' बन गई — क्योंकि अब प्रतिस्पर्धा थी, पहले किसे वह वस्तु मिले। जैसे ही उस वस्तु की माँग पूरी हो गई, प्रतिस्पर्धा समाप्त हो गई — और उस वस्तु का मूल्य भी जैसे घटने लगा।

"किसी विशेष वस्तु का बाज़ार मूल्य इस अनुपात से निर्धारित होता है कि बाज़ार में उसकी कितनी मात्रा वास्तव में उपलब्ध है, और उन लोगों की माँग कितनी है जो उस वस्तु का स्वाभाविक मूल्य — अर्थात किराया, श्रम, और लाभ — चुकाने को तैयार हैं।" (वेल्थ ऑफ नेशन्स १. ७. ८)

अब मूल्य तय करने का अधिकार केवल खरीदार-विक्रेता के बीच न रहकर बाज़ार के हाथ में चला गया। बाज़ार ही यह बताने लगा कि किसी वस्तु का मूल्य क्या है। धीरे-धीरे, यही बाज़ार लोगों के कौशल, उनके कार्य, और उनकी आय को प्रभावित करने लगा। मुद्रा ने केवल धातुओं की जगह नोटों का रूप ही नहीं लिया, बल्कि अब स्वामित्व को भी हिस्सों में बाँट दिया गया — जिनका विनिमय किया जा सकता था। लेकिन इन हिस्सों का मूल्य तभी पता चलता है जब आप उन्हें बेचते हैं — और यह मूल्य उस कीमत से अलग हो सकता है जिस पर आपने उन्हें खरीदा था।

"किसी संयुक्त पूँजी में हिस्सेदारी का मूल्य वही है जो उसे बाज़ार में प्राप्त हो — और यह उस राशि से अधिक या कम हो सकता है, जितनी के लिए उसका स्वामी कंपनी की पूँजी में दर्ज है।" (वेल्थ ऑफ नेशन्स १. III. ३७)

डेविड रिकार्डो संभवतः अपने युवावस्था में ही "दि वेल्थ ऑफ नेशन्स" पढ़ चुके थे। उन्होंने स्मिथ की विचारधारा को अपनाया और वितरण, कराधान, और अंतरराष्ट्रीय व्यापार से जुड़े उन प्रश्नों को विस्तार से समझाया जो उस समय अधिक जटिल हो चुके थे — क्योंकि अब वस्तुओं और सेवाओं का व्यापार अधिक लोगों तक फैल चुका था और मूल्य की संकल्पना अधिक स्पष्ट ढंग से समझनी आवश्यक थी। सन् १८१७ में रिकार्डो ने "प्रिन्सपल्स ऑफ पॉलिटिकल एकॉनोमी एण्ड टैक्सैशन" नामक ग्रंथ लिखा, जिसमें उन्होंने मूल्य का सिद्धांत वितरण सिद्धांत से जोड़कर प्रस्तुत किया। रिकार्डो ने पुर्तगाल की वाइन और इंग्लैंड की सूती मिलों का उदाहरण देकर यह दिखाया कि व्यापार तब भी लाभकारी हो सकता है, जब एक देश को दोनों वस्तुओं

के उत्पादन में लागत कम लगे। उनका सिद्धांत था कि प्रत्येक देश वही वस्तु बनाए जिसमें उसे तुलनात्मक लाभ हो, और फिर अन्य देशों से व्यापार करे। यही विचार अंततः वैश्वीकरण की नींव बना और लगभग दो सौ वर्षों बाद कंपनियों ने अपने कारखाने वहाँ लगाए जहाँ श्रम सस्ता था और वस्तुएँ महाद्वीपों के पार तक पहुँचाई जाने लगीं। आज का वैश्विक व्यापार संगठन प्रमुख राष्ट्रों को समाहित कर — पूरे विश्व को एक साझा बाज़ार के रूप में स्थापित कर रहा है।

४. मूल्य निर्धारण में श्रम की भूमिका

जर्मन दार्शनिक कार्ल मार्क्स ने भी इस बात से सहमति जताई कि मूल्य का आधार श्रम ही है। लेकिन मार्क्स ने इस विचार को और गहराई दी — उनके अनुसार किसी वस्तु का मूल्य केवल इस पर निर्भर करता है कि उसे बनाने में सामाजिक रूप से आवश्यक श्रम समय कितना लगा। स्मिथ चाहते थे कि सरकार की भूमिका न्यूनतम हो — वे मानते थे कि बाज़ार स्वयं को नियंत्रित कर सकता है। उनके अनुसार सरकार को केवल तीन कार्य करने चाहिए — सीमाओं की रक्षा, नागरिक कानून का प्रवर्तन, और सार्वजनिक कार्यों का संचालन। वहीं, मार्क्स का दृष्टिकोण क्रांतिकारी था। वे निजी संपत्ति को समाप्त कर वर्गविहीन समाज बनाना चाहते थे, जहाँ सम्पूर्ण नियंत्रण राज्य के हाथ में हो। मार्क्स की यह विचारधारा आगे चलकर साम्यवाद और समाजवाद के रूप में विश्वभर में फैली।

इतिहास के कुछ विशेष कालखंडों में कुछ विचार अत्यंत शक्तिशाली रूप में उभरते हैं। १९वीं शताब्दी के अंत में तीन अर्थशास्त्रियों — विलियम स्टैनली जेवन्स (इंग्लैंड), लियोन वॉलरास (स्विट्ज़रलैंड), और कार्ल मेंजर (ऑस्ट्रिया) — ने स्वतंत्र रूप से काम करते हुए यह समझाने के प्रयास किए कि मूल्य का निर्धारण वस्तु की कुल मात्रा से नहीं, बल्कि उस विशेष इकाई से होता है जो किसी विशेष समय और स्थान पर बेची या खरीदी जाती है। यह विचार बाद में अर्थशास्त्र में सीमांत क्रांति के रूप में प्रचलित हुआ। इस विचारधारा के अनुसार, मूल्य का निर्धारण सीमांत उपयोगिता पर आधारित है, न कि कुल आपूर्ति पर।

तो प्रश्न यह उठता है कि कुछ लोग उन वस्तुओं को अधिक मूल्य क्यों देते हैं जो वास्तव में अधिक उपयोगी नहीं होतीं?

यह विवाद 'उपयोग मूल्य बनाम विनिमय मूल्य' के विरोधाभास पर आधारित है। हीरे और पानी की प्रसिद्ध पहेली इसी विरोधाभास को दर्शाती है — एक हीरा पानी की तुलना में कहीं अधिक मूल्यवान होता है, जबकि पानी जीवन के लिए अनिवार्य है और हीरे नहीं। यदि उपयोगिता देखी जाए, तो पानी को अधिक मूल्य मिलना चाहिए। यह पहेली श्रम आधारित मूल्य सिद्धांत की सीमाएँ दर्शाती है। इसका उत्तर हमें तब मिलता है जब हम यह समझते हैं कि मूल्य निर्धारण में उपयोगिता, दुर्लभता, और सीमांत मूल्य कैसे कार्य करते हैं।

५. मूल्य मन में है

दर्शनशास्त्र में मूल्य मीमांसा, मूल्य की व्याख्या का शास्त्र है। यह उस अंतर की पड़ताल करता है कि किसी वस्तु का मूल्य अंतर्जात है या बाह्य। ई वस्तु स्वभावतः तब मूल्यवान मानी जाती है जब वह स्वयं में ही उचित या शुभ हो — जैसे स्वास्थ्य, सुख, शांति। दूसरी ओर, बाह्य मूल्य उस स्थिति पर निर्भर करता है जिसमें वह वस्तु किसी प्रयोजन में उपयोगी बनती है। उदाहरण के लिए — अच्छी ऐनक केवल तब लाभकारी है जब उसकी पीठ पीछे दो स्वस्थ नेत्र हों। बाज़ार में स्टॉक की कीमतें बाह्य कारकों जैसे अस्थिरता और लाभांश से बहुत प्रभावित होती हैं।

कार्ल मेंजर ने प्रसिद्ध रूप से कहा था — "मूल्य न तो वस्तुओं में अंतर्निहित होता है, न ही यह स्वतंत्र रूप से अस्तित्व में रहता है।" उन्होंने यह सिद्ध किया कि मूल्य वस्तुपरक नहीं, बल्कि व्यक्तिपरक होता है — यह व्यक्ति की धारणाओं, आस्थाओं और अनुभवों पर निर्भर करता है। यही सोच हमें इस निष्कर्ष तक पहुँचाती है — कि "मूल्य मन में है।"

आज की आर्थिक प्रणाली में आर्थिक मूल्य को तीन भागों में बाँटा जा सकता है — वस्तुएँ, कंपनियाँ, वित्तीय साधन। अब उदाहरण लें — पैकेज्ड पानी का, जबकि पानी तो फ्री है ना। हम उसका मूल्य क्यों चुका रहे हैं? क्या हम उपयोग मूल्य दे रहे हैं, या विनिमय मूल्य? इस पूरे व्यापार से लाभ किसे हो रहा

है? मूल्य का सिद्धांत हमें उन आधारों पर सोचने के लिए बाध्य करता है जिन पर हमारा समाज खड़ा है। क्या ऐसी कंपनियाँ, जो न तो जैविक आवश्यकताओं की पूर्ति करती हैं, और न ही सामाजिक कल्याण में योगदान देती हैं — वास्तव में लंबे समय तक जीवित रह सकती हैं? हम न तो पूरी तरह से मुद्रात्मक अर्थव्यवस्था को स्वीकार कर सकते हैं, और न ही सभी प्राकृतिक संसाधनों को जनसामान्य की साझा संपत्ति घोषित कर सकते हैं। इन दोनों दृष्टिकोणों के बीच संतुलन बनाना ही सतत विकास और समाज की दीर्घकालीन भलाई की कुंजी है।

जॉन मेनार्ड कीन्स ने सही ही कहा था: "कठिनाई नई विचारधाराओं को विकसित करने में नहीं, बल्कि पुरानी मान्यताओं से मुक्त होने में है।" यह स्पष्ट है कि पूंजीवादी और समाजवादी दोनों व्यवस्थाएँ उस आदर्श "अधिकतम लोगों के लिए, अधिकतम कल्याण की स्थिति" को नहीं साकार कर पाईं — जिसका स्वप्न जेरेमी बेंथम और जॉन स्टुअर्ट मिल ने देखा था।

एक आर्थिक वस्तु के मूल्य निर्धारण में, सबसे बड़ा निर्धारक होता है — उसकी कीमत। रोटी हो, झुमके हों, या कार — हम उसकी उपयोगिता और अपेक्षित मूल्य को समझकर ही भुगतान करते हैं। लेकिन कुछ अवसरों पर मूल्य — वास्तविक उपयोगिता की तुलना में — सापेक्षिक महत्ता को दर्शाने लगता है। जैसे — अत्यधिक विलासिता की वस्तुएँ। उनका वास्तविक उपयोग न के बराबर होता है, किंतु उनका मूल्य अत्यधिक होता है — फिर भी लोग उन्हें खरीदते हैं। क्यों? क्योंकि वे महँगी हैं — और इसीलिए कीमती मानी जाती हैं।

अर्थशास्त्र में ऐसी वस्तुओं को "वेबलें गुड्ज़" कहा जाता है अर्थात वे वस्तुएँ जिनका मूल्य जितना बढ़ता है, उतनी ही वे अधिक मूल्यवान प्रतीत होती हैं। ये केवल उन समाजों में संभव हैं जहाँ जटिल सामाजिक श्रेणियाँ और प्रभावशाली संबंधों की संरचना विद्यमान हो। ऐसे में किसी वस्तु की कीमत — उसके वास्तविक गुणों से अधिक — व्यक्ति की सामाजिक स्थिति और शक्ति का संकेत बन जाती है।

"मूल्य मन में है" — यह विचार आर्थिक मनोविज्ञान की नींव है। यह कहता है कि मूल्य की धारणा व्यक्तिपरक, मनोवैज्ञानिक, और संज्ञानात्मक

कारकों से प्रभावित होती है। परंपरागत अर्थशास्त्र में मूल्य को उपयोगिता, दुर्लभता और संसाधनों के अनुसार आँका जाता था। परंतु व्यवहारिक अर्थशास्त्र और मनोविज्ञान ने यह दिखाया है कि मनुष्य का निर्णय लेना अक्सर तर्कहीन होता है — भावनाओं, सामाजिक दबावों, और पूर्वाग्रहों से संचालित। इसलिए जो वस्तु एक के लिए अमूल्य है, वह दूसरे के लिए नगण्य हो सकती है। यह विचार उपभोक्ता व्यवहार, बाज़ार की प्रवृत्तियों, और आर्थिक निर्णयों को समझने के लिए अत्यंत आवश्यक है।

६. शेयर बाज़ार की उछाल

समय के साथ व्यापार का दायरा और उससे जुड़ी संपत्ति में अनेक गुना वृद्धि हुई है। कंपनियों को आगे बढ़ाने के लिए अब प्रोमोटर्स को पहले से कहीं अधिक पूँजी की आवश्यकता होती है, लेकिन उनकी व्यक्तिगत पूँजी सीमित होती है। ऐसे में संस्थागत और खुदरा निवेशकों की भागीदारी पूँजी जुटाने में सहायक बन रही है। आज के निवेशक पहले की तुलना में अधिक साक्षर और सजग हो चुके हैं। वे कंपनी की वित्तीय स्थिति, प्रदर्शन, और भविष्य की संभावनाओं का विश्लेषण कर फिर ही अपने पैसे को इक्विटी में लगाते हैं। बाज़ार में अब विविध वित्तीय उपकरण उपलब्ध हैं — जो अच्छे रिटर्न के साथ निवेशकों की रुचि बनाए रखते हैं।

आज का स्टॉक बाज़ार अत्यंत गतिशील है। सेकेंडरी मार्केट में निवेशकों के लिए वास्तविक समय में कई अवसर खुल रहे हैं। बहुत-से छोटे निवेशक, जिन्हें स्टॉक्स का मूल्यांकन करना या समय पर बाहर निकलना मुश्किल लगता है, वे म्यूचुअल फंड्स के माध्यम से निवेश कर रहे हैं। ये फंड्स उनके स्थान पर बाज़ार में निवेश करते हैं।

इन फंड्स के विभिन्न प्रकार और श्रेणियाँ होती हैं, जो विभिन्न प्रकार के निवेशकों को आकर्षित करती हैं। डेरिवेटिव्स जैसे उपकरण भी अब व्यापार को सुविधाजनक बना रहे हैं। हालाँकि, शेयर बाज़ार में मूल्य की उछाल हमेशा आर्थिक आधारों पर नहीं होती। निवेशकों को चाहिए कि वे विवेकपूर्ण निर्णय लें, और निवेश से पहले गहन शोध करें।

कई बार तेज़ी के बाद बाज़ार में संशोधन या गिरावट भी आ सकती है —इसलिए जोखिम प्रबंधन हर निवेश रणनीति का अनिवार्य भाग होना चाहिए। आज वस्तुओं और इक्विटी के लिए ट्रेडिंग प्लेटफ़ॉर्म्स उपलब्ध हैं। कृत्रिम बुद्धिमत्ता जैसी तकनीकों की मदद से इन प्लेटफ़ॉर्म्स पर उल्लेखनीय प्रगति हो रही है। ये प्लेटफ़ॉर्म सॉफ़्टवेयर सिस्टम्स हैं, जो निवेशकों को बाज़ार में अपने पोर्टफोलियो को खोलने, बंद करने, और संचालित करने की सुविधा देते हैं — वह भी ऑनलाइन ब्रोकर जैसे वित्तीय माध्यमों के ज़रिए।

इसमें सबसे क्रांतिकारी बात यह है कि — कम आय वाले व्यक्ति, यहाँ तक कि ग्रामीण क्षेत्रों के लोग भी अब आर्थिक बाज़ार में सफलतापूर्वक भागीदारी कर सकते हैं। भारत में वित्तीय साक्षरता में उल्लेखनीय वृद्धि हुई है। अब अधिक लोग समझते हैं कि बचत और निवेश और उनके लक्ष्यपूर्ण वित्तीय भविष्य के लिए कितने आवश्यक हैं। सरकार, नियामक संस्थाएँ, और वित्तीय संस्थानों ने वित्तीय शिक्षा को बढ़ावा देने में महत्वपूर्ण भूमिका निभाई है। निवेश प्रक्रियाओं का सरलीकरण, KYC नियम, और म्यूचुअल फंड्स में SIP जैसी योजनाओं ने छोटे निवेशकों के लिए निवेश को और सरल और सुविधाजनक बना दिया है।

इसका परिणाम यह हुआ है कि — अधिक लोग नियमित रूप से, छोटे-छोटे निवेश करने लगे हैं। किसी बड़ी कंपनी की इक्विटी को यदि हज़ारों लोग रखते हैं — तो यह संपत्ति के वितरण का भी एक रूप बन जाता है। पहले आम भारतीय नागरिक की बचत केवल बिना जोखिम वाली योजनाओं तक सीमित थी — जैसे बैंक खाता, एफडी, या पीपीएफ। लेकिन अब वे म्यूचुअल फंड्स, शेयर बाजार, और बॉन्ड्स में भी अपनी बचत का निवेश कर सकते हैं। इसलिए कोई आश्चर्य नहीं कि भारतीय बाज़ार में अब १६ करोड़ से अधिक पंजीकृत निवेशक हैं। कई युवा पेशेवर और मिलेनियल्स भी अब सक्रिय रूप से शेयर बाज़ार और म्यूचुअल फंड्स में भाग ले रहे हैं — क्योंकि वे दीर्घकालिक धन निर्माण की आकांक्षा रखते हैं।

७. प्रामाणिकता का मूल्य

आज के आर्थिक परिवेश में यह स्पष्ट हो गया है कि मूल्य की सृजन प्रक्रिया, उसका व्यापार और उसकी समझ — तीनों ही बदल चुके हैं। इन्हीं से बनी है — नई मूल्य-आधारित अर्थव्यवस्था। डिजिटल प्रौद्योगिकियों का व्यापक उपयोग अब यह तय करता है कि व्यापार कैसे किया जाए और वित्तीय लाभ कैसे अर्जित हों। अब वस्तुएँ और सेवाएँ डिजिटल रूप में प्रस्तुत हो रही हैं, कार्य प्रक्रियाएँ सरल हो गई हैं, और निर्णय डेटा विश्लेषण के आधार पर लिए जा रहे हैं।

इस नई अर्थव्यवस्था में डिजिटल और भौतिक, दोनों ही मंच महत्वपूर्ण हैं। ऐमज़ान, ऊबर, और एयरबीएनबी जैसी कंपनियाँ ऐसे एकोसिस्टम बना रही हैं जहाँ लोग एक-दूसरे के साथ सुविधा से व्यापार कर सकें, और मूल्य व पूँजी की नई साझी संरचनाएँ विकसित हो सकें। इस क्रम में एक और उभरती प्रवृत्ति है — शेयरिंग इकॉनमी मॉडल। इसे संयुक्त उपभोग कहते हैं।

यह एक ऐसी सामाजिक-आर्थिक प्रणाली है जिसमें लोग या समूह अपनी संपत्तियों, संसाधनों या सेवाओं को साझा करते हैं — अक्सर डिजिटल प्लेटफ़ॉर्म्स के माध्यम से। इसमें चीज़ों का स्वामित्व जरूरी नहीं होता, लोग उन्हें केवल जरूरत पड़ने पर उपयोग में लाते हैं —कभी मुफ्त, कभी शुल्क देकर। लोग या व्यवसाय अब वस्तुओं के स्वामी नहीं,बल्कि उपयोगकर्ता बन गए हैं — जैसे एयरबीएनबी, ऊबर, या टास्करेबिट जैसी ऐप्स के माध्यम से। ऐसे ऑनलाइन प्लेटफ़ॉर्म्स आपूर्ति और मांग को जोड़ते हैं — जिससे लोग या छोटे व्यवसाय सीधे एक-दूसरे से सौदे कर सकते हैं। शेयरिंग इकॉनमी का उद्देश्य है — अप्रयुक्त संसाधनों का अधिकतम उपयोग। उदाहरणस्वरूप — अतिरिक्त कमरे, गाड़ियाँ, औज़ार आदि को किराए पर देकर लोग अतिरिक्त आमदनी अर्जित कर सकते हैं।

इसी के साथ, एक और क्रांति आकार ले रही है — ब्लॉकचेन तकनीक। इसकी सबसे बड़ी विशेषता है — विकेंद्रीकरण। ब्लॉकचेन में लेन-देन और

डेटा किसी एक स्थान पर न रहकर पूरे नेटवर्क में वितरित रहते हैं , जिससे पारदर्शिता और विश्वास में वृद्धि होती है। मध्यस्थों की भूमिका घटती है, और लेन-देन लागत भी कम हो जाती है। ब्लॉकचेन में एक और अद्भुत गुण है — अपरिवर्तनशीलता। एक बार कोई जानकारी दर्ज हो जाए, तो उसे बदला नहीं जा सकता। यह गुण सप्लाई चेन प्रबंधन, स्वास्थ्य सेवा, और बैंकिंग जैसे क्षेत्रों में अत्यंत उपयोगी है — जहाँ डेटा की अखंडता और सुरक्षा सर्वोपरि होती है।

फ्रीलांस और ऑन-डिमांड कार्य प्रणाली ने नौकरी के स्वरूप को पूरी तरह से बदल दिया है। अब लोग अपनी कुशलता और समय का मूल्य परियोजना-दर-परियोजना आधार पर प्राप्त कर सकते हैं। 'गिग' शब्द एक चलन बन गया है — जो उन अस्थायी और आंशिककालिक नौकरियों को दर्शाता है, जो स्वतंत्र ठेकेदारों और फ्रीलांसरों द्वारा की जाती हैं। अक्सर यह कार्य ऑनलाइन साइट्स या मोबाइल ऐप्स के माध्यम से संभव होता है। 'गिग इकोनॉमी' में कार्यरत लोगों को गिग वर्कर या स्वतंत्र श्रमिक कहा जाता है — जो किसी एक कंपनी में पूर्णकालिक कर्मचारी न होकर, विभिन्न ग्राहकों के लिए प्रोजेक्ट्स, कार्यों या सेवाओं को स्वतंत्र रूप से करते हैं।

इस गिग इकोनॉमी के बढ़ते प्रभाव ने श्रमिक अधिकारों, उनकी श्रेणी निर्धारण, कराधान और शासकीय निगरानी पर प्रश्नचिह्न खड़े कर दिए हैं। सरकारें और नीति-निर्माता यह समझने का प्रयास कर रहे हैं कि वर्तमान श्रम कानूनों को कैसे बदला जाए ताकि गिग श्रमिकों को भी उचित सुरक्षा प्राप्त हो। निस्संदेह, इस व्यवस्था ने काम करने और सेवाएँ प्राप्त करने के तरीके को पूरी तरह रूपांतरित कर दिया है। इसने श्रमिकों, कंपनियों और नीतिकारों के लिए अवसरों और चुनौतियों दोनों को जन्म दिया है। इसलिए, जब यह व्यवस्था और अधिक विकसित हो रही है — तब यह आवश्यक हो जाता है कि लचीलापन और श्रमिक अधिकारों के बीच एक संतुलन स्थापित किया जाए, जिससे रोजगार का बाज़ार न्यायसंगत और सतत बना रहे।

८. निष्कर्ष — मध्यम वर्ग का उदय

मध्यम वर्ग की कोई एक निश्चित परिभाषा नहीं है। लेकिन भारतीय परिप्रेक्ष्य में यह वर्ग परिश्रमी और निरंतर संघर्षशील माना जाता है। पिछले कुछ वर्षों में सरकार ने रोज़गार सृजन और उद्यमिता को प्रोत्साहन देकर इस वर्ग के विकास को नया पंख दिया है। नवाचार और आत्मनिर्भरता के युग का उद्घोष अब स्पष्ट हो चुका है। सरकार ने दो महत्त्वपूर्ण योजनाओं की शुरुआत की है — स्टार्ट अप इंडिया — इसके अंतर्गत युवाओं को नए विचारों के साथ व्यवसाय शुरू करने में सहायता, कर में छूट, और पूँजी की सुलभता प्रदान की जाती है। और दूसरी स्टैन्ड अप इंडिया जिसके तहत समाज के कमजोर वर्गों को निर्माण, कृषि या व्यापार के क्षेत्र में ग्रीनफील्ड उद्यम स्थापित करने हेतु पूँजी सहायता और व्यवसायिक अवसर प्रदान किए जाते हैं।

इन पहलों ने न केवल मध्यम वर्ग के जीवन स्तर को ऊँचा किया है, बल्कि उन्हें आर्थिक प्रगति और सामाजिक गतिशीलता की नई राह भी दिखाई है। साथ ही, UDAN योजना ने पूरे मध्यम वर्ग को सुगम और सुलभ यात्रा का लाभ दिया है। अब तक २.५ लाख से अधिक उड़ानें संचालित हो चुकी हैं, जिनसे १.३७ करोड़ से अधिक यात्रियों ने लाभ प्राप्त किया है। मेट्रो नेटवर्क का विस्तार, वंदे भारत और नमो भारत जैसी विश्वस्तरीय ट्रेनों ने भारतीय मध्यम वर्ग के लिए यात्रा को सपनों जैसा साकार कर दिया है।

पश्चिमी आधुनिकता में मध्यम वर्ग सबसे प्रभावशाली वर्ग था। एडम स्मिथ ने मध्यम वर्गीय मूल्यों को दर्शाया — और धीरे-धीरे ये मूल्य सांस्कृतिक और आर्थिक तरीकों से पूरे समाज पर आरोपित कर दिए गए। इसका निहितार्थ यह था — कि यदि कोई पश्चिमी आधुनिकता के ढाँचे में जीना चाहता है, तो उसे मध्यम वर्गीय अपेक्षाओं के अनुरूप स्वयं को ढालना ही होगा। आज के आधुनिक विश्व में — कड़ी मेहनत करना, आत्मअनुशासन में जीना, मितव्ययिता, ईमानदारी, और महत्वाकांक्षा रखना — ये सब मध्यम वर्गीय मूल्य कहलाते हैं।

ये मूल्य किसी एक वर्ग के लिए आरक्षित नहीं हैं। कोई भी — चाहे वह उच्च वर्ग का हो या निम्न वर्ग का — इन्हें अपना सकता है। यहाँ तक कि स्वयं मध्यम वर्ग में भी कई ऐसे लोग हो सकते हैं जो इन मूल्यों का पालन न करते हों। भारत के अनेक युवा और निर्धन वर्ग अब अपनी प्राचीन पहचान से उभरकर इन सार्वभौमिक मध्यम वर्गीय मूल्यों को अपना रहे हैं। यह विश्वास किया जाता है — और हम इस विश्वास में भागीदार हैं — कि आने वाले समय में भारतीय मध्यम वर्ग देश की जनसंख्या का एक प्रमुख हिस्सा बनेगा। वर्तमान में, भारत का मध्यम वर्ग कुल जनसंख्या का ३० प्रतिशत से अधिक है। यह वर्ष २०३१ तक ४०% और २०४७ तक ६०% हो जाएगा —जो भारत की आर्थिक वृद्धि के लिए अत्यंत शुभ संकेत है।

भारतीय मध्यम वर्ग, जिसे सटीक रूप से परिभाषित करना कठिन है, व्यापक रूप से राष्ट्र की विकास गाथा की रीढ़ माना जाता है। कड़ी मेहनत और निरंतर प्रयास की विशेषता वाला यह वर्ग रोज़गार सृजन और उद्यमिता के माध्यम से सृजित अवसरों पर फलता-फूलता है। सरकारी पहलों ने नवाचार को बढ़ावा देकर और आत्मनिर्भरता को बढ़ावा देकर इस वर्ग को सक्षम बनाने पर अधिक ध्यान केंद्रित किया है। रोज़गार सृजन को बढ़ावा देकर और उद्यमशीलता पारिस्थितिकी तंत्र को पोषित करके, राज्य एक अधिक लचीले और आकांक्षी मध्यम वर्ग की नींव रख रहा है जो भारत के परिवर्तन का केंद्र है।

स्टार्ट-अप इंडिया और स्टैंड-अप इंडिया जैसी प्रमुख पहल दर्शाती हैं कि कैसे लक्षित नीतियाँ महत्वाकांक्षी उद्यमियों और हाशिए पर पड़े समुदायों, दोनों को सशक्त बना सकती हैं। स्टार्ट-अप इंडिया सुगम व्यवसाय स्थापना की सुविधा प्रदान करता है, वित्तीय सहायता प्रदान करता है और युवा नवप्रवर्तकों को कर छूट प्रदान करता है। स्टैंड-अप इंडिया विनिर्माण, कृषि और व्यापार में ग्रीनफील्ड उद्यमों में कमज़ोर सामाजिक वर्गों के उद्यमियों का समर्थन करके समावेशिता को व्यापक बनाता है। इनके पूरक के रूप में उड़ान जैसी योजनाएँ, मेट्रो विस्तार और हाई-स्पीड ट्रेनें हैं, जिन्होंने मध्यम वर्ग के लिए गतिशीलता और पहुँच को बढ़ाया है। ये हस्तक्षेप न केवल जीवन स्तर में सुधार ला रहे हैं बल्कि सामाजिक और आर्थिक उन्नति के रास्ते भी बना रहे हैं।

नीतिगत ढाँचों से परे, मध्यम वर्ग मूल्यों के एक समूह का प्रतीक है- आत्म-अनुशासन, ईमानदारी, मितव्ययिता और महत्वाकांक्षा-जो आर्थिक स्तर से परे हैं। ऐतिहासिक रूप से पश्चिमी आधुनिकता में निहित और एडम स्मिथ जैसे विचारकों द्वारा प्रतिध्वनित, ये मूल्य सभी वर्गों के लिए सुलभ आकांक्षात्मक आदर्श बन गए हैं। भारत में, ये विशेष रूप से युवा पीढ़ी के साथ प्रतिध्वनित होते हैं जो पारंपरिक पहचानों से आगे बढ़ रहे हैं और इन्हें सफलता के सार्वभौमिक सिद्धांतों के रूप में अपना रहे हैं। मध्यम वर्ग के २०४७ तक जनसंख्या के वर्तमान ३० प्रतिशत हिस्से से बढ़कर ६० प्रतिशत होने का अनुमान है, यह भारत के आर्थिक और सांस्कृतिक विकास का निर्णायक चालक बनने के लिए तैयार है। भारत का उत्थान उसके मध्यम वर्ग का उदय है- जो स्वप्न देखने वाले, कार्य करने वाले और कल की समृद्धि के चालक हैं।

अध्याय ८

वैश्विक दक्षिण, भारतीय दृष्टि

१. वैश्वीकरण की अवधारणा

वैश्वीकरण वह प्रक्रिया है जिसमें विभिन्न राष्ट्रों के लोगों, कंपनियों और सरकारों के बीच अंतर्राष्ट्रीय व्यापार, निवेश और सूचना प्रौद्योगिकी की प्रेरणा से आपसी संपर्क और एकीकरण होता है। वैश्वीकृत आपूर्ति श्रृंखलाएँ उत्पादन और वितरण के ऐसे अंतर्संयोजित जाल को दर्शाती हैं जो विश्वभर के अनेक देशों और क्षेत्रों में फैली होती हैं। इनसे वस्तुओं, सेवाओं, पूँजी और श्रम के सीमापार प्रवाह के माध्यम से अर्थव्यवस्थाएँ एक-दूसरे से गहराई से जुड़ गई हैं, जिससे व्यापार की मात्रा में वृद्धि, विदेशी निवेश में उछाल और बहुराष्ट्रीय कंपनियों का उदय हुआ।

क्या वैश्वीकरण सफल रहा? यह प्रश्न केवल विशेषज्ञों तक सीमित नहीं रहा; अब यह जन-संवाद का विषय बन चुका है। विशेषकर COVID-१९ के पश्चात, जब हवाई यात्रा ने महामारी को तीव्रता से फैलाया और लंबी लॉकडाउन अवधि ने आर्थिक गतिविधियों को थमा दिया — तब वैश्वीकरण की अवधारणा को गहन आलोचना का सामना करना पड़ा।

यह निर्विवाद है कि वैश्वीकरण ने व्यापार, तकनीक और सांस्कृतिक आदान-प्रदान जैसे अनेक क्षेत्रों में सकारात्मक प्रभाव डाले हैं। परंतु इसके नकारात्मक पहलू भी हैं — जैसे धन की विषमता, नौकरियों का ह्रास, और पर्यावरण को हुआ नुकसान। जब अनेक अमेरिकी और यूरोपीय कंपनियों ने अपने उत्पादन केंद्र एशिया में स्थानांतरित किए, जहाँ लागत कम थी, तो

अमेरिका में यह धारणा बनी कि उनकी नौकरियाँ छीन ली गईं। इसी कालखंड में भारत ने सॉफ्टवेयर महाशक्ति के रूप में उभरकर अमेरिकी कंपनियों के लिए कार्य करना प्रारंभ किया। अमेरिकी लेखक थॉमस फ्रीडमैन ने इस प्रवृत्ति को अपनी २००५ की पुस्तक "The World is Flat: A Brief History of the Twenty-first Century" में उत्सवपूर्वक वर्णित किया।

कुछ लोगों का मत है कि वैश्वीकरण ने वह लक्ष्य अभी तक प्राप्त नहीं किया, जो उसे करना था — विशेषकर गरीबी और असमानता को कम करना। वहीं, वैश्वीकरण के समर्थकों का कहना है कि इसने करोड़ों लोगों को गरीबी से उबारा है, विचारों और नवाचारों का प्रसार किया है, और विश्व स्तर पर जीवन स्तर को ऊँचा उठाया है। उत्तर इस बात पर निर्भर करता है कि देखनेवाला कौन है और मूल्यांकन के लिए मापदंड क्या अपनाए जाते हैं। संस्कृति पर इसका एक नकारात्मक प्रभाव यह है कि स्थानीय परंपराएँ, भाषाएँ और मूल्य हाशिए पर चले जाते हैं या विस्मृत हो जाते हैं। The Ruckus Society और फ्रांसीसी समाजशास्त्री पियरे बोरद्यू (१९३० – २००२) ने वैश्वीकरण की बुराइयों और उसकी पराजेयता की घोषणा की। उन्होंने टेलीविजन को आड़े हाथों लेते हुए कहा कि यह 'तेज सोचनेवाले' व्यक्तियों को 'विशेषज्ञ' बताकर ऐसे पूर्वनिर्धारित आख्यानों को बढ़ावा देता है जो वास्तविकताओं को प्रचार और शोरशराबे की चकाचौंध में गाड़ देते हैं। उन्होंने ऐसे विमर्श को 'सांस्कृतिक जंक फूड' कहा।

अतः हम वैश्विक आपूर्ति श्रृंखलाओं की बात करेंगे और वैश्वीकरण के व्यापक गुण-दोष की चर्चा दूसरों पर छोड़ देंगे।

२. विदेशी व्यापार को स्मिथ का समर्थन

एडम स्मिथ ने बहुपक्षीय व्यापार प्रणाली का समर्थन किया, जिसका मूल विचार था कि प्रत्येक देश को श्रम विभाजन के आधार पर अपनी अर्थव्यवस्था को अधिक कुशल बनाना चाहिए और अपने उत्पादों को अन्य देशों के साथ व्यापार में लाना चाहिए। प्रत्येक राष्ट्र को उसमें विशेषज्ञता हासिल करनी चाहिए, जो वह सबसे अच्छा बना सकता है, और जो वह स्वयं नहीं बना सकता, उसे दूसरों से

खरीद लेना चाहिए। यदि आप किसी वस्तु को कहीं और बेहतर और सस्ते में बना सकते हैं, तो उसे वहीं बनाइए।

> "जिस प्रकार वस्तुओं का अदला-बदली करने की शक्ति ही श्रम के विभाजन को संभव बनाती है, उसी प्रकार इस विभाजन की सीमा भी सदैव उसी शक्ति की सीमा तक सीमित रहती है — या कहें, बाजार की सीमा तक। जब बाज़ार बहुत छोटा होता है, तो कोई भी व्यक्ति स्वयं को केवल एक कार्य में पूर्णतः समर्पित करने का साहस नहीं कर सकता, क्योंकि वह अपने श्रम से उत्पन्न उस अधिशेष भाग का विनिमय नहीं कर सकता जो उसकी स्वयं की आवश्यकताओं से अधिक होता है — और जिससे वह दूसरों के श्रम से उपजी वस्तुएँ प्राप्त कर सके।" (वेल्थ ऑफ नेशन्स I. ३. १)

स्मिथ का मानना था कि श्रम का अधिकतम लाभ बाज़ार के आकार पर निर्भर करता है — और बाज़ार जितना बड़ा होगा, प्रतिफल उतना ही बेहतर होगा। उनका यह भी विश्वास था कि मानव सुख और समृद्धि का सर्वोत्तम मार्ग वस्तुओं को नदियों और महासागरों के माध्यम से सीमाओं के पार पहुँचाना है — जो पृथ्वी की सतह का ७१% भाग घेरते हैं।

> "जिस प्रकार वस्तुओं का अदला-बदली करने की शक्ति ही श्रम के विभाजन को संभव बनाती है, उसी प्रकार इस विभाजन की सीमा भी सदैव उसी शक्ति की सीमा तक सीमित रहती है — या कहें, बाजार की सीमा तक। जब बाज़ार बहुत छोटा होता है, तो कोई भी व्यक्ति स्वयं को केवल एक कार्य में पूर्णतः समर्पित करने का साहस नहीं कर सकता, क्योंकि वह अपने श्रम से उत्पन्न उस अधिशेष भाग का विनिमय नहीं कर सकता जो उसकी स्वयं की आवश्यकताओं से अधिक होता है — और जिससे वह दूसरों के श्रम से उपजी वस्तुएँ प्राप्त कर सके।" (वेल्थ ऑफ नेशन्स I. ३. ३-४)

एडम स्मिथ ने मानवता को सोचने का एक नया दृष्टिकोण, एक नया लक्ष्य दिया — ऐसा दृष्टिकोण, जो यदि पूर्णता से अपनाया जाए, तो मानव कल्याण के इतिहास में अब तक का सबसे बड़ा उत्कर्ष संभव हो। छोटी-छोटी समस्याओं और सीमित संसाधनों के लिए परस्पर संघर्ष करने या पड़ोसियों से छीनने की बजाय, मनुष्य को श्रमशील बनने और निर्माण करने की प्रेरणा मिली — एक ऐसे भाव से जो भविष्य की ओर देखता है, एक व्यापारिक दृष्टिकोण से प्रेरित होता है।

३. साम्राज्यवाद द्वारा रखी गई नींव

सैन्य शक्ति के सहारे किए गए पहले प्रयास विफल हुए। यद्यपि यूरोपीय शक्तियों ने अमेरिका के विशाल भूभागों पर शासन किया, परंतु वहाँ साम्राज्यवाद असफल सिद्ध हुआ। तब एक नया राष्ट्र — संयुक्त राज्य अमेरिका — स्वतंत्रता, समानता और न्याय के सिद्धांतों पर आधारित रूप में जन्मा। उन्होंने घोषणा की — “हम, संयुक्त राज्य अमेरिका की जनता... अपने और अपनी संतति के लिए स्वतंत्रता के वरदान को सुरक्षित करते हैं..." यह मानव इतिहास में पहली बार था जब लोगों ने स्वयं को शासित करने का निर्णय लिया — स्वतंत्रता और सुख की खोज को लक्ष्य बनाकर।

यह एक विलक्षण संयोग है कि "वेल्थ ऑफ नेशन्स" और " अमेरिकी स्वतंत्रता घोषणा पत्र" दोनों ही वर्ष १७७६ में प्रकाशित हुए। उसी वर्ष उत्तर अमेरिका की प्रांतों में देशभक्तों ने ब्रिटेन से विद्रोह कर स्वतंत्रता प्राप्त की। एडम स्मिथ का मानना था कि ब्रिटिश नेतृत्व मूर्खतापूर्ण युद्ध में उलझकर स्वयं को भ्रम में रखे हुए है। “वेल्थ ऑफ नेशन्स” में उनकी अंतिम पंक्तियाँ अपने देश के नेताओं के निर्णयों पर अत्यंत कठोर और तीव्र आलोचना के रूप में सामने आती हैं —

“पश्चिमी अटलांटिक के पार एक महान साम्राज्य के स्वामित्व की कल्पना से ग्रेट ब्रिटेन के शासकों ने बीते सौ वर्षों से जनता का मन बहलाया है। परंतु यह साम्राज्य अब तक केवल कल्पना में ही रहा है — न यह कोई

वास्तविक साम्राज्य रहा है, न ही स्वर्ण-खदान; यह महज़ साम्राज्य की एक परियोजना रही है, एक स्वर्ण-खदान की आशा मात्र — जो अब तक केवल लागत का कारण बनी है, और यदि ऐसे ही चलती रही, तो भारी व्यय के अतिरिक्त कोई लाभ नहीं देगी; उपनिवेश व्यापार के एकाधिकार का प्रभाव जनसामान्य के लिए लाभ नहीं, अपितु केवल हानि सिद्ध हुआ है।" (वेल्थ ऑफ नेशन्स V. ३. ९०)

ब्रिटेन के कर-संग्रह की नीति भी अमेरिकी क्रांति के प्रमुख कारणों में से एक बनी। "प्रतिनिधित्व के बिना कराधान" अमेरिकी संस्थापकों की सबसे बड़ी आपत्तियों में शामिल थी। ब्रिटिश संसद ने अमेरिका की उपनिवेशों पर अनेक कर लगाए — जैसे स्टाम्प एक्ट, टाउनशेंड एक्ट, और टी एक्ट। लेकिन इन उपनिवेशों के पास संसद में कोई प्रतिनिधि नहीं था, जिससे वे न अपनी चिंताओं को प्रकट कर सकते थे और न ही इन करों को सहमति दे सकते थे।

४. व्यापार और कराधान का चयन

एडम स्मिथ के अनुसार, व्यापार की स्वतंत्रता व्यक्तिगत स्वाधीनता का विषय है। किसी को भी वस्तुएँ और सेवाएँ स्वतंत्र रूप से विनिमय करने से रोका नहीं जाना चाहिए, और न ही राज्य या कोई अन्य संस्था इसमें बाधा बननी चाहिए। मनुष्य को स्वाभाविक रूप से यह अधिकार प्राप्त है कि वह अपने आर्थिक लक्ष्यों को प्राप्त करे, अपने जीवन स्तर को ऊँचा उठाए, और अपनी स्वतंत्रता का उपभोग करे।

स्मिथ ने करों को व्यावसायिक दृष्टि से देखा — यह जीवन की सामान्य प्रक्रिया है। व्यक्ति और कंपनियाँ सरकार को अपनी आय या लाभ का एक अंश कर रूप में देती हैं। ये कर उनकी आय में से अतिरिक्त धन को घटाकर जीवन-यापन और व्यापार की लागत को बढ़ा देते हैं।

"वह कर जिसे प्रत्येक व्यक्ति को देना होता है, निश्चित और गैर-मनमाना होना चाहिए। भुगतान का समय, तरीका, और राशि — ये सब करदाता

> और प्रत्येक अन्य व्यक्ति के लिए स्पष्ट और सरल होने चाहिए।" (वेल्थ ऑफ नेशन्स V. २. II. ४)

कर इसलिए एकत्र किए जाते हैं कि समाज सुरक्षित रहे और ज़रूरतमंदों की सहायता हो सके। परंतु वास्तव में कितना लाभ पहुँचा — यह मूल्यांकन का विषय है। अपनी आय का एक अंश साझा करना सदैव से इस संसार की परंपरा रही है। स्मिथ का मानना था कि इसे उचित और न्यायसंगत बनाने का सबसे बुद्धिमान तरीका यह होगा कि इसे क्रांति नहीं, अपितु क्रमिक विकास के द्वारा लाया जाए — यह बाध्यता नहीं, बल्कि सहमति का विषय होना चाहिए।

> "संभव है कि मानवता की भलाई के लिए व्यापारिक स्वतंत्रता को धीरे-धीरे, सावधानी और संयम के साथ ही बहाल किया जाना उपयुक्त हो। यदि एक ही बार में सारे शुल्क और निषेध हटाए जाएँ, तो समान वस्तुओं के सस्ते विदेशी विकल्प इतनी तेज़ी से घरेलू बाज़ार में भर जाएँगे कि हज़ारों लोगों को उनके नियमित रोजगार और जीविकोपार्जन से वंचित कर देंगे। इससे उत्पन्न अव्यवस्था निश्चित रूप से अत्यधिक गंभीर हो सकती है।" (वेल्थ ऑफ नेशन्स IV. २. ३८)

स्मिथ ने माना कि जिस प्रकार आप लोगों को नैतिक होने के लिए बाध्य नहीं कर सकते, उसी प्रकार उन्हें व्यापार के लिए भी विवश नहीं कर सकते — उन्हें स्वयं से इच्छा होनी चाहिए। इसी कारण उन्होंने "गोल्डन रूल" — "दूसरों के साथ वैसा ही व्यवहार करो जैसा तुम उनके द्वारा अपने लिए अपेक्षा करते हो" — का उल्लेख किया। यह विचार 'इनविज़िबल हैंड' की अपेक्षा कहीं अधिक गहराई लिए है। राजनीति का दर्शन, स्मिथ के अनुसार, अर्थशास्त्र जितना ही — और कभी-कभी उससे भी अधिक महत्वपूर्ण है। उन्होंने सरकार की यह जिम्मेदारी मानी कि वह धार्मिक स्वतंत्रता और सार्वजनिक शिक्षा की रक्षा करे — पर साथ ही, उन्होंने यह भी चेताया कि बाजारों में भ्रष्टाचार न फैले। व्यापारिक समुदाय का उद्देश्य जनहित होना चाहिए।

> "एक ही व्यवसाय के लोग शायद ही कभी मिलते हैं — चाहे वह मनोरंजन या आनंद हेतु ही क्यों न हो — कि उनकी बातचीत जनता के विरुद्ध किसी षड्यंत्र या कीमतों को बढ़ाने की योजना पर समाप्त न हो... ऐसा कोई विनियमन जो एक ही व्यवसाय के लोगों को अपने गरीब, बीमार, विधवाओं और अनाथों के लिए कर लगाकर सहायता करने की अनुमति दे, उन्हें एक साझा उद्देश्य प्रदान करता है और ऐसे सम्मेलनों को आवश्यक बना देता है।" (वेल्थ ऑफ नेशन्स I. १०. II. २७)

लोग परिश्रम इसलिए करते हैं क्योंकि वे करना चाहते हैं — यही स्मिथ की अवधारणा है। 'लेसेज़-फेयर' की नीति, जिसमें सरकार व्यवसायों के मामलों से स्वयं को दूर रखती है, लोगों को स्वतंत्र रूप से निर्णय लेने की स्वतंत्रता देती है। यह स्वतंत्रता ऊर्जा को मुक्त करती है, और वही 'इनविज़िबल हैंड' बाज़ारों को दिशा देती है। यह मुक्त ऊर्जा ही राष्ट्र की समृद्धि का सर्वोत्तम स्रोत बनती है। प्रत्येक व्यक्ति को प्रेरणा उसका स्वार्थ देता है — अपने जीवन को बेहतर बनाने की आकांक्षा। इस व्यक्तिगत ऊर्जा को मुक्त रूप से बहने देना ही 'लेसेज़-फेयर' की आत्मा है।

५. विश्वास आधारित व्यापार

कुछ संस्कृतियों में कंपनियाँ सरकार पर विश्वास करती हैं कि वह समाज के हित में कार्य करेगी — परंतु अधिकांश स्थानों पर ऐसा नहीं होता। कंपनियाँ प्रायः इस संदेह में रहती हैं कि उनके द्वारा दिए गए करों का सही उपयोग होगा या नहीं। जब सरकारें और कंपनियाँ अपने निजी हितों के लिए एकजुट होती हैं, तब आम जनता को उसका नुकसान भुगतना पड़ता है। यह गठबंधन सरकार को नागरिकों पर अधिकार देता है और व्यापारिक नेतृत्व को धन-संचय का अवसर — और जब आमजन यह देखता है, तो उसका विश्वास दोनों से उठ जाता है।

अमेरिकी रॉकेट अभियंता जैक व्हाइटसाइड पार्सन्स ने इस बात को अत्यंत सटीक शब्दों में कहा कि "स्वतंत्रता एक दोधारी तलवार है — जिसकी एक धार 'स्वाधीनता' है और दूसरी 'जिम्मेदारी'। दोनों ही धारें अत्यंत तीव्र हैं।"

यदि यह स्वतंत्रता लापरवाह, कायर या विश्वासघाती हाथों में आ जाए — तो वह घातक बन सकती है। आज के तेज़ रफ़्तार संसार में व्यक्ति, व्यवसाय और सरकार — सभी स्वतंत्रता का दावा करते हैं, पर उसकी दोनों धारों को समझना भूल जाते हैं। स्वतंत्रता की धार से आप लापरवाह हो सकते हैं, लेकिन जिम्मेदारी की धार यदि उपेक्षित हो जाए, तो वह स्वयं को ही लहूलुहान कर देती है। लाभ अच्छा है, पर कर भी देना होता है। अवैध कर चोरी जेल की ओर ले जा सकती है। लोकतंत्र में नेता जनता के विश्वास से चुनाव जीतते हैं — पर यह सामान्य नहीं कि वे उस पद को निजी संपत्ति की सीढ़ी न बना लें।

रूसी कहावत "दोवेरियाय, नो प्रोवेरियाय" — अर्थात "विश्वास करो, पर सत्यापन भी करो" — अमेरिकी राष्ट्रपति रोनाल्ड रीगन के अपनाने के बाद दुनिया भर में मशहूर हुई। यदि समाज में न्याय के नियमों द्वारा व्यक्ति और व्यापार सीमित हों, तो वहाँ दुष्ट या अनैतिक व्यवहार की संभावना नहीं रहती। जब हम देवदूतों से व्यवहार करते हैं, तब जोखिम की आवश्यकता ही नहीं। स्मिथ चाहते थे कि लोग एक-दूसरे पर विश्वास करें। किसी पर विश्वास करना, उसके ईमान, स्थिरता या कौशल पर गहरी श्रद्धा रखना होता है। लेकिन बाजार में हमें यह प्रश्न करना पड़ता है: "क्या हम वास्तव में दूसरों पर इतना विश्वास करते हैं कि वे लेन-देन में ईमानदार होंगे?" जैसे-जैसे विश्वास घटता है, वैसे-वैसे संभावित धोखे या अनैतिकता से सुरक्षा के लिए लेन-देन की लागत बढ़ती जाती है।

हर बाज़ारिक लेन-देन में जोखिम का मूल्यांकन एक संभाव्य गणना के आधार पर किया जाता है। वैश्विक बाजार तंत्र में यह और भी जटिल हो जाता है। आपको बार-बार यह सोचना पड़ता है कि सामनेवाले पर विश्वास किया जाए या नहीं। जैसे-जैसे बाज़ार विस्तृत होते हैं और आपूर्ति श्रृंखलाएँ लंबी और गुंफित होती जाती हैं — विश्वास और भी पेचीदा बन जाता है। जब मैं ऑनलाइन भोजन मंगवाता हूँ, तो वह स्वाद में निराश कर सकता है; एक पोशाक जो ऑनलाइन बहुत आकर्षक लगती है, कुछ ही समय में खराब हो सकती है। डॉक्टर और वकील जैसे पेशों को प्रैक्टिस कहना इसीलिए उपयुक्त है, क्योंकि वे मानवीय अनिश्चितताओं से भरे होते हैं।

इसलिए लोग जोखिम के संभावित स्वरूप को समझने के लिए प्रॉक्सी या अन्य लोगों के दृष्टिकोण का सहारा लेते हैं। यही बीमा उद्योग का आधार बनता है। पर जैसे-जैसे जोखिम से संबंधित जानकारी के स्तर बढ़ते हैं, सूचनाओं का स्रोत अस्पष्ट होता जाता है। बीमा कंपनियाँ यह प्रयास करती हैं कि उन्हें दावे में धन की हानि न हो। विशेषकर स्वास्थ्य बीमा में जोखिम का सटीक आकलन करना ही कठिन हो जाता है — उसे प्रबंधित करना तो और भी चुनौतीपूर्ण। यह अस्पष्टता वही चुनौती है जिसकी ओर स्मिथ ने संकेत किया था — कि बाज़ारों को सुचारू रूप से चलाना कितना जटिल हो सकता है।

> "एक मोटा-सा ऊनी कोट, जो एक दिन-मजदूर को ढँकता है, भले ही वह जितना भी खुरदुरा और साधारण लगे — वह असंख्य श्रमिकों के सामूहिक परिश्रम का परिणाम है। वह चरवाहा, ऊन को छाँटने वाला, ऊन को काढ़ने या सीधा करने वाला, रंगाई करने वाला, लिखाई करने वाला, सूत कातने वाला, बुनकर, कपड़ा साफ करने वाला (fuller), और वस्त्र सजाने वाला..." (वेल्थ ऑफ नेशन्स I. १. ११)

स्मिथ कहते हैं कि पूर्णता भले न हो, पर यदि हम व्यवहारिक और उचित नियमों की स्थापना करें और उन्हें लागू करने के लिए संस्थानों का निर्माण करें, तो यह संसार में असंगतियों के बावजूद जोखिम को कम करने का एक सहायक उपाय हो सकता है। न्याय के नियम बनाकर और यह सुनिश्चित कर कि हर कोई — चाहे मन से न भी माने — उन्हें पालन करने के लिए प्रेरित हो, हम व्यवस्था को जोखिम से मुक्त बना सकते हैं।

जब तक नागरिकों में कर्तव्यबोध और नागरिक नैतिकता के अनुसार जीवन जीने की भावना पनपती है, तब तक सहायक कानून स्वतः विकसित होते हैं। लोग अपने आचरण का ध्यान रखते हैं, और सरकार की भूमिका केवल निगरानी तक सीमित हो जाती है। पर जब विश्वास घटता है, तो व्यापार कठिन हो जाता है, उत्पादकता गिरती है, और जीवन त्रस्त हो जाता है।

"इन सामान्य आचार नियमों के प्रति सम्मान ही वास्तव में कर्तव्यबोध कहलाता है — यह मानव जीवन का अत्यंत महत्वपूर्ण सिद्धांत है — और एकमात्र ऐसा सिद्धांत है जिसके सहारे सामान्य मनुष्य अपने आचरण को निर्देशित कर सकते हैं। इन्हीं नियमों का संतोषजनक पालन ही मानव समाज के अस्तित्व की नींव है — जो इनके अभाव में ध्वस्त हो जाएगा।" (टीएमएस III. V. १,३)

६. मानव-केंद्रित वैश्वीकरण

"विश्व के लिए कार्य करना" — यह विचार विशेष रूप से एशिया के लोगों के लिए लाभकारी सिद्ध हुआ है। इसने करोड़ों लोगों को निर्धनता से बाहर निकाला और विशाल अधोसंरचना के विकास का मार्ग प्रशस्त किया। अब वैश्विक स्तर पर यह मान्यता बन गई है कि वैश्विक आपूर्ति श्रृंखलाओं में लचीलापन और भरोसेमंदी अनिवार्य है। इसके लिए अंतरराष्ट्रीय संस्थाओं में सुधार कर बहुपक्षीयता को बढ़ाने की सामूहिक माँग उठ रही है।

भारत ने अपनी G२० अध्यक्षता के दौरान इस मानव-केंद्रित प्रगति का आह्वान किया — "वसुधैव कुटुम्बकम्" — अर्थात "सारा विश्व एक परिवार है।" जब राष्ट्र परस्पर सहयोग में एक-दूसरे की वृद्धि में भागीदार बनते हैं, तब एक साझा भविष्य की नींव रखी जाती है — और यह तथ्य, आज की परस्पर जुड़ी दुनिया में, नकारा नहीं जा सकता।

७. "वैश्विक दक्षिण" यानि ग्लोबल साउथ की अवधारणा

शीत युद्ध के काल में, द्वितीय विश्व युद्ध में विजयी राष्ट्रों के बीच वर्चस्व की जो दौड़ चली, उसमें अमेरिका के नेतृत्व वाले पूंजीवादी राष्ट्र प्रथम विश्व कहे गए, और सोवियत-रूस के नेतृत्व वाला कम्युनिस्ट गुट द्वितीय विश्व। भारत सहित जो देश इन दोनों में शामिल नहीं हुए, उन्हें तृतीय विश्व कहा गया। परंतु "तृतीय विश्व" शब्द में हीनता और अविकसितता की ध्वनि थी, इसलिए कालांतर में एक अधिक सम्मानजनक और समावेशी शब्द के रूप में "वैश्विक

दक्षिण" या ग्लोबल साउथ का प्रयोग शुरू हुआ। दक्षिणी गोलार्ध के देशों की आर्थिक विकास दर सामान्यतः उत्तरी गोलार्ध के विकसित राष्ट्रों की तुलना में कम रही है।

वैश्विक दक्षिण में लैटिन अमेरिका, अफ्रीका, एशिया और ओशिनिया जैसे विविध क्षेत्र आते हैं। भिन्न-भिन्न संस्कृतियों और भौगोलिक परिस्थितियों के बावजूद, इन देशों को गरीबी, स्वास्थ्य और शिक्षा की सीमित पहुँच, राजनीतिक अस्थिरता, और पर्यावरणीय संकट जैसे सामान्य संघर्षों का सामना करना पड़ता है। वैश्विक दक्षिण पर केंद्रित चर्चाओं में अक्सर आर्थिक विकास की रणनीतियाँ, गरीबी उन्मूलन, और वैश्विक व्यवस्था में व्याप्त असमानताओं को दूर करने के उपायों पर ज़ोर दिया जाता है। यह अवधारणा यह स्मरण कराती है कि राष्ट्र परस्पर जुड़े हुए हैं — और साझा चुनौतियों का समाधान केवल अंतरराष्ट्रीय सहयोग से ही संभव है।

भू-राजनीतिक विमर्श में एक और महत्त्वपूर्ण शब्द है — दक्षिण-दक्षिण सहयोग। इसका तात्पर्य है: संसाधनों, प्रौद्योगिकी और ज्ञान का आदान-प्रदान उन देशों के बीच जो समान विकास स्तर पर हैं और एक-दूसरे के अनुभवों, संघर्षों और आकांक्षाओं से परिचित हैं। यह सहयोग परंपरागत उत्तर-दक्षिण सहायता से भिन्न है, जहाँ विकसित राष्ट्र विकासशील राष्ट्रों को सहायता देते हैं। दक्षिण-दक्षिण सहयोग साझेदारी पर आधारित होता है — समानता और आपसी समझ पर।

इस सहयोग की रीढ़ है ज्ञान का साझा करना — जिससे यह स्पष्ट होता है कि कौन-से उपाय कारगर हैं और कौन-से नहीं। व्यापार, विज्ञान, प्रौद्योगिकी, कृषि या नवाचार — किसी भी क्षेत्र में एक-दूसरे के अनुभव साझा करके ये देश समस्याओं का समाधान और नवाचार में दक्ष हो सकते हैं। विशेष रूप से स्थल-रुद्ध विकासशील राष्ट्रों की सहायता करना वैश्विक समृद्धि की कुंजी है। उनकी भौगोलिक स्थिति और बाज़ारों से कटाव उन्हें चुनौतियों में डालता है। इन चुनौतियों का समाधान दक्षिण-दक्षिण सहयोग के ढाँचे के अंतर्गत ही संभव है — इसके लिए बुनियादी ढाँचे में निवेश, और मानव संसाधन का विकास आवश्यक है।

८. निष्कर्ष — २१वीं सदी की अर्थव्यवस्था के लिए नए नियमों की रचना

इंडो-पैसिफिक क्षेत्र अब एक प्रमुख आर्थिक केंद्र के रूप में उभर चुका है — इसका रणनीतिक स्थान, प्रचुर प्राकृतिक संसाधन, और बढ़ते आर्थिक अवसर इसे वैश्विक आपूर्ति शृंखला का हृदयस्थल बना रहे हैं। इस क्षेत्र में विश्व की कुछ सबसे व्यस्त और महत्त्वपूर्ण समुद्री व्यापारिक मार्ग स्थित हैं — जैसे दक्षिण चीन सागर, मलक्का जलडमरूमध्य और हिन्द महासागर। ये मार्ग एशिया, यूरोप और अमेरिका जैसे प्रमुख क्षेत्रों के बीच वस्तुओं के आवागमन को संभव बनाते हैं। इन मार्गों की सुरक्षा, वैश्विक व्यापार और आर्थिक स्थिरता के लिए अनिवार्य है।

इस क्षेत्र में ही अनेक बहुराष्ट्रीय कंपनियाँ कच्चे माल, पुर्ज़ों और श्रमिकों का स्रोत ढूँढती हैं। इसीलिए क्षेत्रीय व्यापक आर्थिक भागीदारी (Regional Comprehensive Economic Partnership - RCEP) जैसी पहलें महत्त्वपूर्ण हैं — जिसमें ऑस्ट्रेलिया, ब्रुनेई, कंबोडिया, चीन, इंडोनेशिया, जापान, दक्षिण कोरिया, लाओस, मलेशिया, म्यांमार, न्यूज़ीलैंड, फिलीपींस, सिंगापुर, थाईलैंड और वियतनाम शामिल हैं। ये देश वैश्विक GDP का लगभग ३०% और जनसंख्या का भी ३०% प्रतिनिधित्व करते हैं।

एक अन्य पहल है — इंडो-पैसिफिक क्षेत्र की समृद्धि के लिए आर्थिक ढाँचा (आईपीईएफ)। इसमें चीन, म्यांमार, कंबोडिया और लाओस को छोड़कर बाकी RCEP सदस्य शामिल हैं, और साथ ही अमेरिका, भारत और फिजी जैसे गैर-RCEP सदस्य भी। इसी क्षेत्र में एक और आशाजनक कदम है — "क्वाड"। भारत, ऑस्ट्रेलिया, जापान और अमेरिका द्वारा हस्ताक्षरित यह समूह वैश्विक भलाई के लिए समर्पित है, और इंडो-पैसिफिक को खुला, समावेशी, और सशक्त बनाने के लिए प्रतिबद्ध है।इस क्षेत्र में लिथियम-आयन बैटरियों, चिप्स और हाई-टेक डिस्प्ले जैसी आपूर्ति शृंखलाएँ अत्यधिक केंद्रित और परस्पर निर्भर हैं। अनुसंधान और विकास भले ही पश्चिम में हो, परंतु निर्माण और असेंबली, तथा कच्चे माल का अधिकांश भाग इसी क्षेत्र में केंद्रित है।

भारत, क्वाड के ढांचे में ऑस्ट्रेलिया से दुर्लभ खनिज, जापान व अमेरिका से प्रौद्योगिकी प्राप्त कर, विश्व स्तरीय उत्पाद देश में ही बना सकता है।

भारतीय अर्थव्यवस्था अब केवल संभावित नहीं, अपितु विविधता से परिपूर्ण एक उदाहरण बन गई है — जिसने विकसित राष्ट्रों का भी ध्यान आकर्षित किया है। भारत का हालिया आर्थिक प्रदर्शन, इसकी जनसांख्यिकीय बढ़त और उपभोक्ता बाज़ार इसे वैश्विक निवेशकों के लिए आशा की किरण बना रहे हैं।

यहाँ की युवा जनसंख्या, विशाल श्रमबल और बढ़ता मध्य वर्ग भारत को एक नवोन्मेषी, गतिशील अर्थव्यवस्था में बदल रहे हैं। यदि इस जनसंख्या लाभांश का सही उपयोग किया जाए, तो यह अर्थविकास का इंजन बन सकता है।

भारत की अर्थव्यवस्था — कृषि, निर्माण और सेवाओं के त्रैतीय आधार पर खड़ी है — जो इसे स्थायित्व और लचीलापन प्रदान करती है। सूचना प्रौद्योगिकी और औषधि क्षेत्र जैसे उभरते क्षेत्रों ने इसमें अभूतपूर्व योगदान दिया है। साथ ही, इंटरनेट और मोबाइल प्रौद्योगिकी के प्रसार से भारत तेज़ डिजिटल परिवर्तन के दौर से गुजर रहा है — जिसने व्यापार, ई-कॉमर्स, और फिनटेक नवाचार के नए द्वार खोल दिए हैं। मध्यवर्ग के विस्तार से उपभोग और मांग बढ़ी है — जिसने आर्थिक प्रगति को और बल दिया है। निस्संदेह, भारत अपनी ऊर्जावान अर्थव्यवस्था, युवा जनसंख्या और लगातार हो रहे सुधारों के माध्यम से, विकास का एक प्रेरणादायक मॉडल बन सकता है — एक ऐसा मॉडल जो केवल भारत ही नहीं, बल्कि पूरे वैश्विक दक्षिण की आशा बन सकता है।

अध्याय ९

"स्वर्णिम सूत्र: नीति से नियति तक"

१. अवधारणा

मनुष्यता का पहला धर्म है – न्यायप्रिय, सहृदय और विनम्र होना। 'स्वर्ण सूत्र' जिसे अक्सर इस रूप में कहा जाता है – "जैसा व्यवहार तुम दूसरों से चाहते हो, वैसा ही व्यवहार उनके साथ करो" – इसी भावना की अभिव्यक्ति है। यह सूत्र हमें प्रेरित करता है कि हम दूसरों के साथ सम्मानजनक, दयालु और न्यायपूर्ण आचरण करें।

"मुझे प्रतीक्षा कराना अच्छा नहीं लगता, इसीलिए मैं स्वयं समय पर पहुँचने का प्रयास करता हूँ।"

"मुझे झूठ या धोखा पसंद नहीं, इसलिए मैं उसे अपनाता नहीं।"

हालाँकि एडम स्मिथ ने अपने ग्रंथों में इस 'स्वर्णिम सूत्र' को सीधे नहीं लिखा, फिर भी जब उन्होंने समाज की नैतिक बुनियाद और मानवीय क्रिया–प्रतिक्रिया की बात की, तो उन्होंने यह स्पष्ट किया कि मनुष्य स्वाभाविक रूप से दूसरों को समझता है और उनके प्रति संवेदना रखता है, जिससे नैतिक निर्णय की संभावना बनती है।

एडम स्मिथ के अनुसार, मनुष्य की नैतिकता जन्मजात भी है और सामाजिक भी। यद्यपि उनकी आर्थिक अवधारणाएँ आत्म–स्वार्थ पर आधारित थीं, फिर भी वे इस तथ्य से भली–भाँति परिचित थे कि मनुष्य सामाजिक प्राणी है, जो नैतिक भावनाओं और सामाजिक संबंधों से प्रभावित होता है। युवा पीढ़ी अपने चारों ओर के वयस्कों के व्यवहार और विचारों को देखकर जीने

का ढंग सीखती है – यही उनके भविष्य के कर्म–क्षेत्र और रुचियों की दिशा तय करता है।

> “विभिन्न युगों और देशों की भिन्न परिस्थितियाँ ... प्रत्येक गुण की उस सामान्य प्रवृत्ति को भिन्न–भिन्न स्वरूप दे देती हैं, जो या तो निंदनीय होती है या प्रशंसनीय ... प्रत्येक युग और देश उस गुण के उस स्तर को ही ‘स्वर्ण–मध्यम’ मानते हैं, जो उनके दृष्टिकोण से उत्कृष्ट व्यक्तियों में सामान्य रूप से पाया जाता है।” (टीएमएस V. II. ७)

आत्म–स्वार्थ और नैतिक विवेक – ये दो शक्तिशाली बल हैं जो बाज़ार और समाज को गति देते हैं। स्मिथ मानते थे कि मनुष्य स्वाभाविक रूप से दूसरों की स्वीकृति चाहता है और नैतिक रूप में देखा जाना चाहता है। यही स्वर्ण सूत्र की भावना है – लोग जैसा व्यवहार दूसरों से अपेक्षित रखते हैं, वैसा ही स्वयं करते हैं। अतः नैतिक आचरण केवल अपनी भलाई देखने तक सीमित नहीं होता, बल्कि दूसरों में भी मानवता को देखना और उन्हें वैसा ही सम्मान और गरिमा देना होता है, जैसा हम अपने लिए चाहते हैं। पर यदि लोग, विशेष रूप से युवा वर्ग, संवेदनहीन हो जाएँ तो? इस ढलान को कौन थामेगा?

वास्तव में, जनता के व्यापक हितों की रक्षा करना सरकार का मूल उत्तरदायित्व है। सरकार के प्रतिनिधियों को कूड़ा–कचरा, भित्तिचित्र, उद्दंडता, अश्लीलता और अभद्रता जैसे विषयों के प्रति सजग रहना चाहिए, और इन्हें आरंभ में ही रोकना चाहिए – नागरिक जीवन की पहली रक्षा रेखा यही है।

हालाँकि, यह उत्तरदायित्व स्वास्थ्य सेवा, शिक्षा, आधारभूत संरचना और सार्वजनिक सुरक्षा जैसी आवश्यक सेवाओं को उपलब्ध कराने से भी जुड़ा है। इसके अतिरिक्त, नागरिक अधिकारों की रक्षा, पर्यावरणीय संतुलन सुनिश्चित करने तथा आर्थिक स्थिरता और विकास को प्रोत्साहन देने हेतु कानूनों का निर्माण और उनका प्रवर्तन भी आवश्यक है। किन्तु ‘जन–हित’ की परिभाषा सरल नहीं है। यह अक्सर विभिन्न सामाजिक वर्गों की आवश्यकताओं और आकांक्षाओं के बीच संतुलन बनाने का कार्य होता है, जिसमें तात्कालिक चिंता

और दीर्घकालिक लक्ष्यों दोनों को देखना होता है। इस दिशा में पारदर्शिता, उत्तरदायित्व और नागरिकों की अपेक्षाओं के प्रति सजगता – सुशासन की आधारशिला हैं।

२. सार्वजनिक परियोजनाएँ – कुछ चुनौतियाँ

कई सार्वजनिक परियोजनाएँ अपने प्रारूप में ही त्रुटिपूर्ण होती हैं – डिज़ाइन में कमी, कार्यान्वयन में अक्षमता और योजनाओं की विफलता के कारण जन–धन की हानि होती है, और जिन लोगों की सेवा करनी थी, उनके लिए इनका उपयोग भी सीमित रह जाता है। भ्रष्टाचार सामग्री की गुणवत्ता को भी प्रभावित करता है।

एक अच्छी सरकार रिश्वत पर अंकुश लगाने, भ्रष्ट लोगों को दंडित करने और नागरिक–हित की योजनाओं को सफल बनाने का प्रयास सतत करती है। सतर्क प्रशासन, उत्तरदायित्व तय करने की प्रणाली और शिकायतों के निवारण की सुव्यवस्थित व्यवस्था इसमें सहायक होती है।

पारदर्शिता के साथ परियोजनाओं का क्रियान्वयन, समय और लागत पर नियंत्रण रखते हुए गुणवत्ता सुनिश्चित करना – यही लक्ष्य होना चाहिए। चाहे सार्वजनिक हों या निजी, सभी परियोजनाओं के समक्ष तकनीकी चुनौतियाँ होती हैं – प्रौद्योगिकी सतत बदलती है और समय–समय पर उन्नयन की आवश्यकता होती है, जिससे लागत भी बढ़ती है। प्रबंधन को सजग रहना होता है ताकि समय पर उचित कदम उठाए जा सकें।

वैश्विक मानकों को प्राप्त करने के लिए पर्यावरण और समाज पर प्रभाव को ध्यान में रखना आवश्यक है। प्रदूषण का स्तर पहले ही पारिस्थितिक संतुलन को नुकसान पहुँचा चुका है और जलवायु पर प्रतिकूल प्रभाव डाला है, जिससे विश्व स्तर पर न्यूनतम मानकों को अपनाने की चर्चा ज़ोर पकड़ चुकी है।

> “कई विशाल और व्यापक परियोजनाएँ, अत्यधिक व्यय के अतिरिक्त कोई अन्य वित्तीय स्रोत न होने पर भी, वर्षों तक चलाई गईं ... योजनाकारों ने निस्संदेह अपनी ‘स्वर्ण स्वप्नों’ में इस महान लाभ का स्पष्ट दृष्टिकोण देखा था। परंतु जब उनकी नींद टूटी – या तो परियोजना के अंत में, या जब

वे उसे आगे बढ़ाने में असमर्थ हो गए – तो मुझे नहीं लगता कि वे कभी इस लाभ को वास्तव में पा सके।" (वेल्थ ऑफ नेशन्स II. २. ६९)

एक अच्छी परियोजना भी यदि दिशा भटक जाए, तो परिणाम दयनीय हो सकते हैं – वित्तीय हानि, कार्य निष्पादन में कमी, और जन–असंतोष। इसी कारण अब सरकारें निजी भागीदारी को बढ़ावा दे रही हैं, ताकि गुणवत्ता सुनिश्चित रहे। डिज़ाइन के अनुसार निष्पादन सुनिश्चित करने के लिए प्रोत्साहन और उत्तरदायित्व तय किए जा रहे हैं। इस प्रकार की पहलें 'सार्वजनिक–निजी सहभागिता' मॉडल में सकारात्मक परिणाम दे रही हैं।

३. आत्म–स्वार्थ और लालच में भेद

व्यवसाय और बाज़ारों में आत्म–स्वार्थ की भूमिका को लेकर सार्वजनिक चर्चाओं में अब भी स्पष्टता का अभाव है। कुछ चिंतक, एडम स्मिथ की परंपरा और नव–शास्त्रीय आर्थिक दृष्टिकोण का अनुसरण करते हुए, आत्म–स्वार्थ को मानवीय स्वभाव की सच्चाई और मौद्रिक प्रणाली के संचालन के लिए अनिवार्य मानते हैं। वहीं, कुछ अन्य आत्म–स्वार्थ को लालच का ही पर्याय मानते हैं — एक ऐसा भाव जो उदारता, परोपकार और सहयोग जैसे नैतिक गुणों से टकराव करता है।

स्वर्णिम सूत्र का सिद्धांत भले ही आर्थिक मॉडल या समीकरणों में सीधे शामिल न हो, लेकिन इसकी मूल भावना आर्थिक व्यवहार और नीतिनिर्धारण में समायोजित है। यद्यपि अर्थशास्त्र मुख्यतः आत्म–स्वार्थ और बुद्धिमत्तापूर्ण विकल्पों की बात करता है, फिर भी यदि हम आर्थिक संबंधों में सहानुभूति, परस्परता और नैतिक कारकों की भूमिका को समझें, तो अधिक संतुलित और न्यायपूर्ण व्यापार की व्यवस्था साफ दिखाई देती है।

जब आत्म–स्वार्थ को सीमित कर उचित दायरे में रखा जाता है, तो समाज के लिए अच्छे परिणाम उत्पन्न होते हैं। परंतु जब व्यक्ति नैतिक नियमों को तोड़ते हुए केवल अपने हित में कार्य करता है, तो यह अनियंत्रित आचरण कहलाता है — जिससे बाज़ार की प्रभावशीलता घट सकती है या वह पूरी तरह विफल

हो सकता है। यह समझना आवश्यक है कि अनियंत्रित आत्म–स्वार्थ, वास्तव में लालच ही है। और यही द्वंद्व – आत्म–स्वार्थ बनाम लालच – लंबे समय से चला आ रहा है।

> "जिस प्रबल आकांक्षा ने कई लोगों को 'पारसमणि' की असंभव कल्पना दी, उसी ने अन्य को विशाल स्वर्ण–चांदी की खानों की समान रूप से मूर्खतापूर्ण धारणा दी ... वे स्वयं को यह आश्वस्त करते रहे कि इन धातुओं की परतें सीसे, तांबे, टिन या लोहे की तरह ही सामान्य रूप से और बड़ी मात्रा में मिल जाएंगी। सर वॉल्टर रैले का 'एल डोराडो' – स्वर्ण नगरी और देश का स्वप्न हमें यह समझाने के लिए पर्याप्त है कि बुद्धिमान व्यक्ति भी ऐसी विचित्र भ्रांतियों से अछूते नहीं रहते।" (वेल्थ ऑफ नेशन्स IV.७. II. १९)

स्मिथ का यह चिंतन उनकी मृत्यु के दशकों बाद, १८०० के मध्य में, सत्य सिद्ध हुआ – जब बड़ी संख्या में लोग सोना पाने की आशा में उन क्षेत्रों की ओर दौड़े, जहाँ इसके भंडार की संभावना थी। १८४८ में, अमेरिका के कैलिफोर्निया में हुआ 'गोल्ड रश' सबसे प्रसिद्ध रहा। 'फोर्टी–नाइनर्स' कहे जाने वाले हज़ारों लोग स्वर्ण पाने की चाह में कैलिफोर्निया पहुँच गए।

यह स्वर्ण–अभियान न केवल कैलिफोर्निया बल्कि सम्पूर्ण अमेरिका के सामाजिक–आर्थिक परिदृश्य को बदल देने वाला सिद्ध हुआ। सैन फ्रांसिस्को जैसी एक छोटी बस्ती शीघ्र ही एक भीड़–भाड़ वाला नगर बन गई। कुछ लोगों को वास्तव में सोना मिला और वे धनी बने, परंतु अधिकांश खनिकों के हाथ निराशा ही लगी। इस 'गोल्ड रश' के सामाजिक और वैश्विक प्रभाव गहरे थे — मूल अमेरिकियों को उनकी भूमि से विस्थापित होना पड़ा; अत्यधिक खनन से पर्यावरण क्षतिग्रस्त हुआ — वृक्ष कटे, मिट्टी का अपरदन हुआ, और नदियाँ प्रदूषित हो गईं।

१८८० के दशक से लेकर १९३० तक, कैलिफोर्निया का अधिकांश सोना कठोर शिलाओं की सोने की परतों और भूमिगत जमा स्थानों से निकाला गया। इसे 'ड्रिफ्ट माइनिंग' कहा गया। हाइड्रॉलिक खनन से अधिक सोना निकालने के

लिए सैकड़ों पाउंड पारे को नालियों और कुंडों में डाला गया। पारे से लिपटे तांबे के पट्टों पर सोने को चिपकाया जाता था। हालांकि अधिकांश पारा पट्टों पर रह जाता था, लेकिन कुछ बहते हुए मलबे के साथ नीचे की ओर बह जाता था और जल–मार्गों में जाकर जमा हो जाता था। कैलिफोर्निया के जलमार्गों का प्रदूषण पारे का अनियंत्रित खनन की देन था। आज भी सैन फ्रांसिस्को खाड़ी क्षेत्र की कई जल–संरचनाओं में मछलियों के सेवन करने के लिए स्वास्थ्य सुरक्षा की चेतावनी दी जाती है।

४. आधुनिक युग के वित्तीय उत्पाद

मनुष्य आज भी धन, सफलता और नवाचार की खोज में उसी भावना से दौड़ रहा है, जैसी 'गोल्ड रश' के दौर में देखी गई थी। किसी विशेष अवसर या संसाधन की ओर अचानक बढ़ती भीड़ — यही आज का आर्थिक परिदृश्य बन गया है। सिलिकॉन वैली जैसी तकनीकी दुनिया की तीव्र गति ने हज़ारों उद्यमियों, विशेषज्ञों और निवेशकों को आकर्षित किया है। १९९० के उत्तरार्ध और २००० के आरंभ में 'डॉट–कॉम बूम' के साथ ही मोबाइल एप्स, सोशल मीडिया और कृत्रिम बुद्धिमत्ता जैसे क्षेत्रों में जो नवाचार हुए, उन्हें 'गोल्ड रश' की संज्ञा दी गई — अत्यधिक धन, तेज़ प्रतिस्पर्धा और संसाधनों की लूट।

तेज़ी से शहरीकरण के चलते संपत्ति मूल्यों में हो रही वृद्धि का लाभ उठाने के लिए निवेशक, विकासकर्ता और गृह–खरीदार एक साथ टूट पड़ते हैं। यह भी एक प्रकार का 'संपत्ति–गोल्ड रश' बन चुका है, जो आभासी मूल्यांकन और प्रतिद्वन्दात्मक नीलामी बोली लगाने के चलते गैर मुनासिब मूल्यों को जन्म देता है — जैसे कि पुराने खनन नगरों में होता था।

क्रिप्टोकरेंसी — जैसे बिटकॉइन और एथेरियम — ने आधुनिक 'डिजिटल गोल्ड रश' की नींव रखी है। निवेशक इनकी अस्थिरता और संभावित दीर्घकालीन मूल्य के कारण इनमें अवसर देखते हैं। इनिशल कॉइन ऑफर, (DeFi) परियोजनाएँ, और ब्लॉकचेन तकनीक ने इस क्षेत्र को समृद्धि की संभावनाओं से भर दिया है। परंतु, इनसे जुड़े जोखिम भी कम नहीं हैं।

क्रिप्टोकरेंसी के मूल्य बहुत ही कम समय में बहुत अधिक बदल सकते हैं। यदि कोई निवेशक ऐसी अस्थिरता के लिए तैयार नहीं है, तो उसे भारी घाटा हो सकता है। इसके अतिरिक्त, पारंपरिक वित्तीय प्रणालियों की तरह इनमें उपभोक्ता संरक्षण की सुविधा नहीं होती — न तो जमा बीमा होता है, न ही धोखाधड़ी की स्थिति में वापसी की व्यवस्था।

इसलिए, धोखाधड़ी, पोंज़ी योजनाएँ और अन्य आर्थिक छल इनमें आसानी से पनप सकते हैं। और चूँकि ये बाजार अभी पारंपरिक बाज़ारों जितने बड़े नहीं हैं, इनका मूल्य बड़ी मछलियों या 'व्हेल्स' द्वारा आसानी से हिलाया–डुलाया जा सकता है। 'पंप एंड डंप', वॉश ट्रेडिंग और अन्य व्यापारिक चालें कीमतों को कृत्रिम रूप से बढ़ा सकती हैं — जिससे छोटे निवेशक ठगे जाते हैं। क्रिप्टोकरेंसी पर वैश्विक स्तर पर अब तक स्पष्ट सरकारी नियंत्रण नहीं है, जिससे उपयोगकर्ताओं और कंपनियों को क़ानूनी और अनुपालन संबंधी जोखिमों का सामना करना पड़ सकता है — यहाँ तक कि प्रतिबंध और दंड भी लग सकते हैं।

५. जलवायु परिवर्तन और तकनीकी आविष्कार

जलवायु परिवर्तन की बढ़ती चिंताएँ और तकनीकी प्रगति ने विश्व को हरित ऊर्जा स्त्रोतों की ओर अग्रसर कर दिया है। इसी कारण, सौर ऊर्जा और पवन ऊर्जा जैसे स्वच्छ ऊर्जा प्रकल्पों में निवेश की होड़ सी मच गई है। जैसे 'गोल्ड रश' ने धन और खनन तकनीकों में नवाचार को जन्म दिया, वैसे ही अब हाइड्रोजन ऊर्जा में बढ़ती रुचि, निवेश और तकनीकी शोध को प्रोत्साहित कर रही है — इसके उत्पादन, भंडारण, परिवहन और उपयोग के लिए।

जापान, दक्षिण कोरिया, जर्मनी और चीन जैसे अनेक देश इस क्षेत्र में अग्रणी बनने के लिए हाइड्रोजन अवसंरचना में भारी निवेश कर चुके हैं। परंतु, इस ऊर्जा को सर्वसुलभ बनाने के लिए गंभीर तकनीकी समस्याओं का समाधान आवश्यक है। नए बुनियादी ढांचे का निर्माण करना होगा, और मौजूदा प्राकृतिक गैस व तेल–संरचना को हाइड्रोजन अनुकूल बनाना पड़ेगा।

आज जो हाइड्रोजन उपलब्ध है, वह मुख्यतः जीवाश्म ईंधनों से बनती है, जबकि 'ग्रीन हाइड्रोजन' अब भी महँगी प्रक्रिया बनी हुई है। इसी प्रकार, विद्युत–वाहनों जो ईवी के रूप में प्रचलित हो रहे हैं, को लेकर भी बड़ी चर्चा है — ये न केवल यातायात की दिशा बदल सकते हैं, बल्कि ग्रीनहाउस गैसों के उत्सर्जन में भी भारी कमी ला सकते हैं।

फिर भी कई समस्याएँ शेष हैं — वाहन की रेंज, चार्जिंग अवसंरचना, बैटरी तकनीक, और ईवी निर्माण का पर्यावरण पर प्रभाव। विद्युत–वाहनों के निर्माण में लिथियम, कोबाल्ट और दुर्लभ धातुओं की आवश्यकता होती है, जिनके लिए एक जटिल वैश्विक आपूर्ति प्रणाली कार्यरत है। भारत में बड़ी ऑटोमोबाइल कंपनियाँ लगातार नए मॉडल विकसित कर रही हैं — देश की बढ़ती माँग की पूर्ति के साथ-साथ वैश्विक निर्यात हेतु भी। जैसे–जैसे लोग ईवी की ओर बढ़ रहे हैं, भारत एक बार फिर वैश्विक कंपनियों के लिए आकर्षण–बिंदु बनता जा रहा है।

ईवी उद्योग के लिए यह अत्यंत आवश्यक है कि आपूर्ति श्रृंखला टिकाऊ और नैतिक हो, पर्यावरणीय प्रभाव न्यूनतम हो, और संसाधन depletion व भू–राजनीतिक तनावों को नियंत्रित किया जा सके। इन अनिश्चितताओं से निपटने के लिए वाहन–निर्माताओं, सरकारों, नियामकों, उपयोगिताओं और अन्य हितधारकों को तकनीकी, आर्थिक और सामाजिक चुनौतियों पर समन्वय कर समाधान खोजने होंगे। यह विचार आवश्यक है कि ये तकनीकी–आर्थिक व्यवस्थाएँ कितने समय तक टिकेंगी और इनका सदुपयोग किस प्रकार किया जा सकता है। परंतु — यह कार्य करेगा कौन?

> "अब समय आ गया है कि हमारे शासक या तो उस 'स्वर्ण स्वप्न' को साकार करें, जिसमें वे और शायद जनता भी मग्न रही है — अथवा वे स्वयं इस स्वप्न से जागें, और जनता को भी जगाने का प्रयास करें। यदि कोई परियोजना पूरी नहीं हो सकती, तो उसे छोड़ देना ही श्रेयस्कर है।"
> (वेल्थ ऑफ नेशन्स V. ३. ९०)

६. कठिन काम के लिए कौन उठे?

अंग्रेजी में एक प्रसिद्ध कहानी है- हू विल बेल्ल द कैट? अर्थात खूंखार बिल्ले के गले में घंटी कौन बंधेगा? सबने चाहा कि वे बिल्ली के डर से मुक्त हों, पर कोई भी अपनी जान जोखिम में डालकर उसकी गर्दन में घंटी बाँधने को तैयार न हुआ। चूहे इस डर में जीते रहे, क्योंकि उनके पास उसे रोकने का कोई उपाय नहीं था।

इस कथा का मर्म यही है — समस्या का समाधान ढूँढ़ना सरल है, किंतु उसे क्रियान्वित करना कठिन, विशेषकर जब उसमें साहस, त्याग या जोखिम शामिल हो। यह सिखाती है कि समाधान सुझाने से पहले उसकी व्यवहारिकता को सोचें, और संकट के समय साहसिक कार्यवाही के लिए प्रस्तुत रहें। आज के कारोबारी जगत में, धन कमाना और आर्थिक सफलता प्राप्त करना आवश्यक है, पर यह न भूलें कि समाज की भलाई और नैतिकता से ऊपर कुछ नहीं।

ग्राहक, कर्मचारी और सभी हितधारक उन संस्थाओं पर अधिक विश्वास करते हैं जो ईमानदारी और नैतिकता के साथ कार्य करती हैं। जो कंपनियाँ अपने निर्णयों और संचालन में नैतिकता को मूलमंत्र मानती हैं, वे दीर्घकालिक संबंध बनाती हैं, अपनी प्रतिष्ठा बढ़ाती हैं, और समृद्ध भविष्य का निर्माण करती हैं।

अब आइए मनी लॉन्ड्रिंग का उदाहरण लें। यह वह प्रक्रिया है जिसमें गैर–कानूनी गतिविधियों जैसे मादक द्रव्य व्यापार या संगठित अपराधों से अर्जित भारी धनराशि को वैध स्त्रोत से उत्पन्न दिखाया जाता है। इस प्रक्रिया के तीन प्रमुख चरण होते हैः स्थान निर्धारण, स्तर–विभाजन और एकीकरण। पहले चरण में गैर–कानूनी धन को वित्तीय प्रणाली में प्रविष्ट कराया जाता है — आमतौर पर नकद जमा कर या जटिल लेन–देन द्वारा, जिससे उसे ट्रेस करना कठिन हो जाता है। दूसरे चरण में उस धन को घुमाया जाता है, कई परतों में वितरित कर उसके स्त्रोत और स्वामित्व को छुपाया जाता है — जटिल वित्तीय सौदों द्वारा। तीसरे और अंतिम चरण में, यही धन किसी निवेश या वैध व्यापार के माध्यम से पुनः आर्थिक प्रणाली में सम्मिलित किया जाता है — अब वैध स्वरूप में।

मनी लॉन्ड्रिंग के मामले में अपराधी अपने धन का स्त्रोत और स्वामित्व छिपाने के लिए कई तरीके अपनाते हैं — शेल कंपनियाँ बनाना, विदेशी खातों

का उपयोग करना, स्मर्फिंग (बड़े लेन-देन को छोटे टुकड़ों में बाँटकर नियमों से बचना), और देशों के बीच लेन-देन के माध्यम से पैसे को घुमाना।

चूँकि वैश्विक वित्तीय प्रणाली परस्पर जुड़ी हुई है, ये धन–धोखेबाज़ अंतरराष्ट्रीय सीमाओं और न्याय–व्यवस्थाओं को चकमा देकर धन को इधर–उधर कर लेते हैं। वे विभिन्न देशों के विनियामक अंतर और वैश्विक बैंकिंग प्रणाली की खामियों का लाभ उठाते हैं। नई तकनीकों जैसे क्रिप्टोकरेंसी, ऑनलाइन बैंकिंग और गुमनाम भुगतान प्रणालियों ने अपराधियों को और अधिक छिपकर कार्य करने का अवसर दिया है — जिससे धन का स्रोत और स्वामी आसानी से अदृश्य हो जाते हैं। शेल कंपनियों, ऑफशोर वित्तीय केंद्रों और गोपनीयता वाले क्षेत्रों में मनी लॉन्ड्रिंग के जरिए लोग बिना किसी जांच के आर्थिक लेन–देन करते हैं। इन क्षेत्रों में विनियमन ढीला और बैंकिंग गोपनीयता कठोर होती है।

हालाँकि सरकारों और अंतरराष्ट्रीय संस्थाओं ने मनी लॉन्ड्रिंग से निपटने के लिए कड़े कानून बनाए हैं — जैसे एएमएल, केवाईसी, और वित्तीय खुफिया इकाइयाँ — लेकिन अपराधी लगातार नए तरीके अपनाते हैं ताकि वे पकड़ में न आएं। प्रगति तो हुई है, पर यह समस्या अब भी गंभीर है, और इसके लिए कानून प्रवर्तन एजेंसियों, बैंकों, सरकारों और वैश्विक स्तर पर नीति–निर्माताओं को मिलकर समन्वय की आवश्यकता है।

इस आर्थिक अपराध को रोकने का एक ही मार्ग है — मजबूत नियमों की रूपरेखा, अंतरराष्ट्रीय सहयोग, वित्तीय लेन–देन में पारदर्शिता और जवाबदेही, तथा संसाधनों और प्रतिबद्धता का समुचित निवेश। पर इन सबसे ऊपर — आपको अपने नैतिक विवेक के प्रति जागरूक होना होगा।

७. निष्कर्ष — कर्म का चक्र

कर्म सिद्धांत ही इस अध्याय का मूल विचार है। यह 'स्वर्णिम सूत्र' से मिलता–जुलता है, किंतु इससे कहीं गहरा है। इसका मूल हिंदू धर्म में है और बाद में बौद्ध तथा अन्य पूर्वीय दर्शनों ने भी इसे अपनाया। अपने कर्मों के प्रति उत्तरदायी होना — यही वह आध्यात्मिक आधार है जो वर्तमान और भविष्य दोनों जीवनों को प्रभावित करता है।

मान्यता है कि मनुष्य के कार्य, उसकी नीयत और नैतिक विकल्प — यही तय करते हैं कि भविष्य में उसके साथ क्या होगा। अच्छे कर्म, अच्छे परिणाम लाते हैं; बुरे कर्म, कष्टदायक फल देते हैं। स्वर्ण सूत्र और कर्म दोनों ही लोगों को अच्छा बनने और दूसरों की चिंता करने की प्रेरणा देते हैं — लेकिन दोनों की बौद्धिक और सांस्कृतिक पृष्ठभूमियाँ भिन्न हैं। स्वर्ण सूत्र जहाँ इस जीवन और सामाजिक आचरण की बात करता है, वहीं कर्म उसे ब्रह्मांडीय न्याय की दृष्टि से देखता है — एक गहरे, सर्वांगीण न्याय का संदेश।

आज के युग में कर्म को जीने का सच्चा तरीका यह है कि हम अपने विचारों, शब्दों और क्रियाओं के प्रति जागरूक हों, और अपने उद्देश्यों को नैतिकता से जोड़ें। यह चेतना न केवल हमारे जीवन को, बल्कि दूसरों के जीवन को भी बेहतर बनाती है। कर्म, करुणा और सामाजिक न्याय के प्रति दृष्टिकोण को बदल सकता है। जो लोग मानते हैं कि सब कुछ आपस में जुड़ा है, वे दूसरों से सहानुभूति और करुणा से व्यवहार करते हैं, क्योंकि उन्हें ज्ञात है कि उनके कर्मों का प्रभाव केवल व्यक्तिगत नहीं, सामाजिक भी होता है।

यद्यपि इसकी जड़ें अतीत में हैं, कर्म की अवधारणाएँ आज भी लाखों लोगों को प्रेरित करती हैं — उनके विचार, कार्य और नैतिक मूल्यों को आकार देती हैं, जिससे वे व्यक्तिगत रूप से विकसित होते हैं, सामाजिक उत्तरदायित्व को समझते हैं, और आत्मिक उन्नयन की ओर बढ़ते हैं।

एक दिलचस्प विचार है — 'व्हील इकनॉमिक थ्योरी' — जो तथ्यों से ज़्यादा मज़ा देती है, पर गंभीर संकेत देती है। यह सिद्धांत कहता है कि अर्थव्यवस्थाएँ पहियों की भाँति हैं — कोई बड़ा, कोई छोटा; कोई संतुलित, कोई डगमगाता हुआ। पर सब अपने–अपने ढंग से चलते हैं, जब तक कि वे गंभीर समस्या में फँसकर छोड़ नहीं दिए जाते। पैसे का प्रवाह इन पहियों की गति है। यदि पहिया तेजी से घूमता है, पर संतुलित नहीं है, तो उसका डगमगाना और बढ़ जाएगा।

इसलिए — संतुलन अत्यंत आवश्यक है — विशेषकर तब, जब यह पहिया बड़ा हो और तीव्र गति से घूमना हो। वाहनों में जैसे सस्पेंशन को ठीक कर पहिये का कोण संतुलित किया जाता है, वैसे ही एक अर्थव्यवस्था में भी संतुलन

की आवश्यकता होती है — जनता, उत्पादकों, व्यापारियों और सरकार के बीच सामंजस्य — राष्ट्रहित के लिए।

परंतु लोकतंत्र में यह संतुलन आसान नहीं होता — चुनाव होते हैं, परिवर्तन आते हैं, और कर्म–चक्र की तरह कुछ घटनाएँ दोहराई जाती हैं — यही नियति बन जाती है। १९८० में ब्रिटिश–अमेरिकी पारिस्थितिकीविद पॉल कॉलिनवॉक्स ने The Fates of Nations: A Biological Theory of History नामक पुस्तक में लिखा कि किसी राष्ट्र की बढ़ती जनसंख्या अंततः आक्रामक युद्धों को जन्म देती है।" समाज में धनी और निर्धन — दो छोर हैं। धनी वही जीवन जीते हैं, जिसे मनुष्य ने आदिकाल से अपने सुख के अनुरूप विकसित किया है। निर्धन उस जीवन से वंचित रहते हैं, क्योंकि संसाधनों की कमी उनके हिस्से को छीन लेती है। प्रौद्योगिकी और व्यापार का उद्देश्य अधिक से अधिक निच बनाना है — जिससे अधिक लोगों को बेहतर जीवन का अवसर मिले। पर पृथ्वी के संसाधन सीमित हैं। इसलिए — निच की संख्या भी सीमित है। हम निर्धनता को कम कर सकते हैं, पर समाप्त नहीं कर सकते — जब तक जनसंख्या को नियंत्रित न किया जाए। एशिया, जहाँ विश्व की आधी से अधिक जनसंख्या निवास करती है — और भारत व चीन जैसे देश शीर्ष पर हैं — वहाँ जनसंख्या नियंत्रण अत्यंत कठिन है। इस तीव्र वृद्धि से संसाधनों, आधारभूत संरचना और सेवाओं पर दबाव बढ़ता है।

पर एक उजली संभावना भी है — भारत जैसे देशों की युवा शक्ति यदि सही दिशा पाए, तो आर्थिक प्रगति को पंख लग सकते हैं। इसके लिए सरकारों और नीति–निर्माताओं को रोजगार, संसाधन प्रबंधन, पर्यावरणीय संतुलन, आर्थिक विकास और सामाजिक स्थिरता जैसे विषयों पर प्राथमिकता देनी होगी। तेजी से बढ़ती जनसंख्या अक्सर शहरीकरण की ओर ले जाती है — और जन्म लेती हैं 'महानगरियाँ' (megacities)। ये आर्थिक विकास के इंजन तो बन सकती हैं, पर इनकी चुनौतियाँ भी अनेक हैं — अपर्याप्त अवसंरचना, आवास की कमी, और परिवहन की जटिलताएँ — ये केवल समस्याएँ नहीं, आपातकालीन स्थितियाँ हैं। यदि कार्यबल की आवश्यकताओं और आर्थिक

अवसरों में संतुलन साधा जाए, तो यह जनसंख्या देश के लिए वरदान बन सकती है। यह संतुलन — केवल रणनीति नहीं, बल्कि विकास की शर्त है। सतत विकास और जीवन की गुणवत्ता बढ़ाने के लिए सरकारों, सामाजिक संगठनों और समुदायों को मिलकर प्रयास करने होंगे।

अध्याय १०

त्रिसूत्रीय उत्तरदायित्व

१. अवधारणा – लाभ, लोग, लोक

ब्रिटिश लेखक जॉन एल्किंगटन (ज. १९४९) ने १९९७ में "Cannibals with Forks: The Triple Bottom Line of २१st Century Business" नामक पुस्तक में यह तर्क प्रस्तुत किया कि कंपनियों को अपने कार्य-प्रदर्शन का मूल्यांकन केवल वित्तीय लाभ के आधार पर नहीं, अपितु सामाजिक और पर्यावरणीय प्रभाव के आधार पर भी करना चाहिए। इस अवधारणा को त्रिसूत्रीय उत्तरदायित्व के रूप में जाना गया, जिसने व्यापार की परिभाषा को अधिक नैतिक, दीर्घकालिक और पृथ्वी-संवेदनशील उत्तरदायित्व से पुनर्परिभाषित किया। यह तीन मूल आधारों पर टिका है – लाभ, लोग और लोक।

जब कंपनियाँ अपने लाभ, सामाजिक उत्तरदायित्व और पर्यावरणीय प्रभाव तीनों को ध्यान में रखती हैं, तब न केवल दीर्घकालिक विकास सुनिश्चित होता है, बल्कि यह समस्त मानवता के लिए कल्याणकारी भी सिद्ध होता है। यह दृष्टिकोण व्यवसायों को उत्तरदायी, नैतिक और दूरदर्शी बनाता है — जो अंततः समाज, प्रकृति और स्वयं उनके लिए कल्याणकारी सिद्ध होता है।

सामान्यतः लाभ को व्यापार की सफलता का मापदंड माना जाता है — यह बताता है कि संस्था कितना अर्जित कर रही है और अपने स्वामियों को क्या दे पा रही है। 'लोग' का तत्व यह देखता है कि कंपनी अपने कर्मचारियों, ग्राहकों, आपूर्तिकर्ताओं और समुदायों के साथ कैसा व्यवहार करती है। इसमें निष्पक्ष श्रम मानक, कार्यस्थल की सुरक्षा, विविधता और समावेशिता तथा

सामाजिक भागीदारी जैसी बातें आती हैं। 'पर्यावरण' वाला पक्ष यह दर्शाता है कि संस्था अपने संसाधनों का किस प्रकार उपयोग करती है, अपशिष्ट प्रबंधन कैसे करती है और पृथ्वी की भलाई हेतु किन नीतियों का पालन करती है। यह दृष्टिकोण पर्यावरणीय विनाश को रोकने और ऊर्जा संरक्षण, नवीकरणीय संसाधनों की ओर झुकाव, तथा कचरे में कटौती जैसे उपायों को प्रोत्साहित करता है।

एडम स्मिथ को परंपरागत अर्थशास्त्री कहा गया क्योंकि उन्होंने उत्पादक श्रम को ही आय का भरोसेमंद स्रोत माना। साथ ही, पूँजी को उत्पादकता का सूत्रधार तथा विकास का प्रेरक माना। उनके अनुसार किसी राजा का खजाना उसके राज्य के लोगों द्वारा श्रम, भूमि और पूँजी के माध्यम से उत्पादित संपत्ति पर आधारित होता है। बाद में, अर्थशास्त्रियों ने इस भौतिक दृष्टिकोण को मानसिक सिद्धांतों में बदल दिया, यह मानते हुए कि बाजार संबंध केवल 'मूल्य की अवधारणा' के लेन-देन मात्र हैं — जिनका भौतिकता से कोई सम्बन्ध नहीं। ऐसे अर्थशास्त्रियों को नवपरंपरागत कहा गया। स्मिथ के समय में पारिस्थितिकी जैसी कोई अवधारणा नहीं थी — यह शब्द उनके सौ वर्षों बाद अस्तित्व में आया। फिर भी स्मिथ ने यह विचार प्रस्तुत किया कि राजनीतिक अर्थव्यवस्था का आधार इस बात की समझ होनी चाहिए कि समय के साथ व्यक्ति और पर्यावरण के बीच की भौतिक संबंध कैसे बदलते हैं। इसीलिए, अमेरिकी सामाजिक चिंतक मरे बुकचिन द्वारा गढ़े गए शब्द सामाजिक पारिस्थितिकीविद् की संज्ञा स्मिथ के लिए सबसे उपयुक्त प्रतीत होती है।

स्मिथ के अनुसार, मानव समाज ने अब तक चार युगों में जीवन यापन किया है — शिकारी युग, पशुपालक युग, कृषि युग और व्यापारिक युग। इस क्रम में, वर्तमान काल को 'सूचना युग' कहा जा सकता है। उन्होंने शिकारी समाजों को 'सबसे नीच और असभ्य' कहा, जो केवल पृथ्वी की स्वाभाविक उपज पर निर्भर थे। पशुपालक समाज एक बड़ा बदलाव थे, जिन्होंने तत्कालिक स्वामित्व से आगे बढ़कर संपत्ति के विचार को आत्मसात किया। पशुओं के झुंड एकत्र कर उन्होंने क्षेत्रीय अधिकार का अनुभव किया और पृथ्वी के उपयोग की नयी विधियाँ विकसित कीं।

"एक शिकारी सेना शायद ही कभी दो या तीन सौ लोगों से अधिक हो सकती है। शिकार से मिलने वाला अनिश्चित जीवन-निर्वाह उन्हें लंबे समय तक एकत्रित रहने की अनुमति नहीं देता। इसके विपरीत, एक पशुपालक सेना दो से तीन लाख तक हो सकती है। जब तक उनकी गति को कोई नहीं रोकता, जब तक वे एक क्षेत्र से, जिसका चारा समाप्त हो गया हो, दूसरे क्षेत्र की ओर बढ़ सकते हैं, उनके साथ चलने वालों की संख्या पर कोई सीमा नहीं प्रतीत होती। शिकारी समाज कभी भी अपने पड़ोस के सभ्य समाजों के लिए भय का कारण नहीं बन सकते। परन्तु पशुपालक समाज बन सकते हैं।" (वेल्थ ऑफ नेशन्स V. १. I. ५)

२. नियमन की उत्पत्ति

पिछली हिमयुग की समाप्ति के समय, लगभग १३,००० वर्ष पूर्व, पृथ्वी का औसत तापमान बढ़ा, हिमखंड उत्तर की ओर खिसकने लगे और वर्षावनों ने मैदानों का रूप ले लिया। विभिन्न महाद्वीपों में बसी मानव जातियाँ, जो एक-दूसरे को नहीं जानती थीं, खाद्य संकट के कारण खेती की ओर उन्मुख होने को विवश हुईं। यह स्थिति आदम के स्वर्ग से निष्कासन के अनुभव जैसी प्रतीत होती थी। प्रारंभ में खेती कठिनाई और प्रयोगों के माध्यम से सीखी गई — कोई 'यूरेका' क्षण नहीं था, बस आवश्यकता से उत्पन्न नवाचार था। जल्दी ही मिस्र, मेसोपोटामिया, चीन और सिन्धु घाटी जैसी नदी सभ्यताएँ उभरने लगीं।

जनसंख्या बढ़ने के साथ, वनों को खेतों में बदला गया, नदियों से जल निकासी की गई और भूमि को जोता गया। इन सभ्यताओं ने प्रकृति के संसाधनों को नियंत्रण में लेने की प्रक्रिया प्रारंभ की। चूँकि हर भूमि एक समान उपज नहीं देती और प्रत्येक फसल के लिए श्रम की मात्रा भिन्न होती है, अतः लोगों ने भूमि की उत्पादकता और बाज़ार तक पहुँच के आधार पर मूल्य निर्धारण सीख लिया।

"भूमि का किराया उसकी उर्वरता के साथ-साथ, उसकी स्थिति के अनुसार भी बदलता है, चाहे उसकी उपज कुछ भी हो। किसी नगर के पास की भूमि, देश के किसी दूरस्थ भाग की समान रूप से उर्वर भूमि की तुलना में अधिक

> किराया देती है। भले ही दोनों को जोतने में श्रम बराबर लगे, परन्तु दूरस्थ भूमि की उपज को बाज़ार तक पहुँचाने में अधिक लागत आती है।" (वेल्थ ऑफ नेशन्स I. ११. I. ४)

स्मिथ के अनुसार, कृषि का सबसे महत्वपूर्ण पहलू यह था कि प्राकृतिक उर्वरता का प्रयोग उन्हीं पौधों को उगाने में किया जाए जो अधिक लाभदायक हों। भूमि का स्वामित्व और स्थायी निवास, व्यक्ति की पर्यावरण पर पकड़ को दर्शाता था। उन्होंने उस समाज की विशेषता को रेखांकित किया, जहाँ अधिकांश लोग अब सीधे भूमि से जुड़े नहीं थे — जैसे पहले वे शिकार, कृषि या फसल उपजाते समय जुड़े होते थे। अब उनका संबंध उत्पादन और व्यापार के माध्यम से बाजार से जुड़ा था। स्मिथ प्रकृति के प्रेमी नहीं, बल्कि एक व्यापारी थे जो प्राकृतिक संसाधनों से व्यवहार करते थे।

आज कंपनियों को कार्य संचालन की एक विशिष्ट प्रणाली की आवश्यकता है। जो लोग परिश्रम करते हैं और पूंजी लगाते हैं — स्मिथ के युग में मुख्यतः किसान और शिल्पकार — उन्हें लूट से बचाया जाना चाहिए। इसके लिए सरकार, नियमों का एक समूह, और एक ऐसा संस्थान चाहिए जो इन नियमों का पालन सुनिश्चित करे, विवादों को सुलझाए और उल्लंघन करने वालों को दंडित करे।

> "पशुपालक युग में, अर्थात् समाज की दूसरी अवस्था में, संपत्ति की विषमता पहली बार प्रकट होती है ... इससे उस प्रकार की नागरिक सरकार की आरंभिक आवश्यकता उत्पन्न होती है जो स्वयं के संरक्षण हेतु अनिवार्य है: और यह स्वाभाविक रूप से, यहाँ तक कि उस आवश्यकता की चेतना के बिना भी, उत्पन्न होती है... नागरिक सरकार, जितनी वह संपत्ति की सुरक्षा हेतु स्थापित की जाती है, वास्तव में अमीरों को गरीबों से, अथवा जिनके पास कुछ है उन्हें उन लोगों से जो पूर्णतः रिक्त हैं, की रक्षा के लिए स्थापित की जाती है।" (वेल्थ ऑफ नेशन्स V. १. II. १२)

३. श्रमबल की आवश्यकता

पाँच हज़ार वर्ष पूर्व, जब खेती को शिकारी-संग्राहक जीवन से बेहतर विकल्प माना जाने लगा, तब मानव सभ्यता की गति एक नए मोड़ पर पहुँची। कृषि से उत्पन्न अतिरिक्त भोजन ने अनेक लोगों को खेती के श्रम से मुक्त कर दिया, जिससे उनके पास समय और ऊर्जा बची — वे अन्य कार्यों की ओर उन्मुख हुए। यही था वह दूसरा ऐतिहासिक परिवर्तन — श्रम विभाजन का उदय। कुछ बुद्धिमान जनों ने शीघ्र ही समझ लिया कि जब कुछ के पास अधिक है और अधिकांश के पास बहुत कम, तब संसाधन साझा नहीं होते, बल्कि स्वामित्व की भावना प्रबल होती है। लोग अब समूह के बजाय अपने परिवारों के लिए भविष्य की स्थिरता सुनिश्चित करने लगे। अधिकांश जन खेती में लगे रहे, और इसी ने पितृसत्तात्मकता तथा सामाजिक-राजनीतिक संरचनाओं की जटिलताओं को जन्म दिया। जब संघर्ष बढ़े, तो व्यवस्था बनाए रखने हेतु 'राज्य' की अवधारणा अस्तित्व में आई।

यहीं से समाज का पहला टकराव शुरू हुआ कि यदि मनुष्य परिश्रम नहीं करेगा तो भूमि का क्या उपयोग? मनुष्य को श्रम करना ही होगा — भूमि जोतनी होगी, बीज बोना होगा, फसल की देखभाल करनी होगी, और अन्न एकत्र करना होगा। यदि श्रमिक न हों, तो संसाधनों से परिपूर्ण भूमि भी परती हो जाएगी, जिससे भुखमरी और आर्थिक अराजकता फैल सकती है। खनन में भी श्रमिकों की आवश्यकता है — खनिज, तेल, गैस आदि की प्राप्ति बिना श्रम के असंभव है। यदि श्रमिक न हों, तो ये मूल्यवान संसाधन व्यर्थ पड़े रहेंगे, और उनसे जुड़ी समस्त अर्थव्यवस्था ठप्प हो जाएगी। घर बनाना हो, सड़क या पुल — हर निर्माण में श्रमिकों की आवश्यकता होती है — कुशल और अकुशल दोनों प्रकार के।

> "हर मनुष्य का अपने श्रम पर जो स्वामित्व है, वह न केवल अन्य समस्त संपत्तियों का मूल आधार है, बल्कि सबसे पवित्र और अडिग अधिकार भी है।" (वेल्थ ऑफ नेशन्स I. १०. II. १२)

इससे यह प्रश्न उभरता है — क्या श्रम ही वह तत्त्व है जो भूमि को कृषि, निर्माण, खनन, पर्यावरण-संरक्षण और पुनः उपयोग के योग्य संपत्ति में बदलता है? यदि बिना श्रम के भूमि का सामाजिक और आर्थिक मूल्य घट जाता है, तो लोगों को श्रम करने के लिए कैसे प्रेरित किया जाए? इस प्रश्न से ही मज़दूरी की धारणा जन्मी — "मेरी भूमि पर काम करो, अपनी मज़दूरी लो और चले जाओ।" परंतु मज़दूरी कौन तय करेगा? भूमि जिनके अधीन थी, वही शक्तिशाली थे, और जिन्हें श्रम करना था, वे निर्बल। इस प्रकार इतिहास में बार-बार देखा गया कि सरकारें प्रायः संपन्न वर्गों के हितों की रक्षा करती रहीं।

सरल शब्दों में कहें, तो एक आदर्श व्यवस्था में सरकारों का कार्य प्रत्येक व्यक्ति की आवश्यकताओं की पूर्ति, न्याय की स्थापना और अवसरों की समानता सुनिश्चित करना होना चाहिए।

> "उर्वर भूमि और अनुकूल जलवायु में, जहाँ भूमि की प्रचुरता और सस्तापन – जो नई बस्तियों की सामान्य विशेषता है – इतना बड़ा लाभ होता है कि वह नागरिक शासन की अनेक खामियों की भरपाई कर देता है।" (वेल्थ ऑफ नेशन्स I. ११. III. ७६)

एडम स्मिथ का विश्वास था कि 'प्राकृतिक नियम' मानव निर्मित नियमों से श्रेष्ठ हैं, क्योंकि मानव नियम सामान्यतः बुद्धि-आधारित होते हैं और उनके निर्धारक उन्हें अपने हितों के अनुसार बनाते हैं। स्मिथ के विचार कुछ मौलिक अवधारणाओं से जुड़े हैं, जो ऐतिहासिक परिप्रेक्ष्य में पर्यावरणीय घटनाओं और सामाजिक विकास के बीच के संबंधों को उजागर करते हैं। यद्यपि उनका सर्वाधिक झुकाव कृषि की ओर था, किंतु उनका उद्देश्य था — समाजों के विकास और पर्यावरणीय परिवर्तनों के बीच के सूत्रों को पहचानना।

> "प्राचीन काल में प्राकृतिक दर्शन की जो आरंभिक झलक दिखाई दी थी — जिसमें विभिन्न निरीक्षणों को कुछ सामान्य सिद्धांतों द्वारा संयोजित किया गया था — वही सौंदर्य एक व्यवस्थित दर्शन में निहित है। सामान्य जीवन

के सिद्धांतों को कुछ पद्धतिपूर्ण क्रम में रखा गया और उन्हें कुछ सामान्य सिद्धांतों द्वारा जोड़ा गया — ठीक वैसे ही जैसे प्रकृति की घटनाओं को व्यवस्थित किया गया। वह विज्ञान जो इन संयोजक सिद्धांतों की जांच और व्याख्या करने का दावा करता है, वही 'नैतिक दर्शन' कहलाता है... कल्पनात्मक प्रणालियाँ हर युग में अपनाई गईं — ऐसे कारणों के आधार पर जो किसी सामान्य विवेकशील मनुष्य को मामूली आर्थिक निर्णय लेने में भी प्रभावित न कर पातीं।" (वेल्थ ऑफ नेशन्स V. III. II. २५-२६)

४. विधिक जटिलताओं का उदय

समय के साथ कानून कठोर होते गए। अब विवाद केवल न्याय के प्रश्न नहीं रह गए थे, बल्कि वे इस बात में परिवर्तित हो गए कि सत्ता में बैठे लोग क्या 'उचित' मानते हैं। विशेष रूप से संपत्ति, श्रम और अधिकारों के विषय में, ये टकराव और भी तीव्र हो गए। एडम स्मिथ ने अपने समय की न्याय व्यवस्था पर तीखी टिप्पणियाँ कीं।

"न्याय, वास्तव में, कभी भी किसी देश में निशुल्क नहीं दी गई। वकीलों और अधिवक्ताओं को तो कम से कम, पक्षकारों द्वारा भुगतान करना ही पड़ता है; और यदि उन्हें भुगतान न मिले, तो वे अपनी सेवाएँ और भी अधिक निकृष्ट ढंग से देंगे, जितना कि वे पहले ही दे रहे हैं।" (वेल्थ ऑफ नेशन्स V. १. II. १८)

"न्यायालयों की आय का प्रमुख स्रोत आरंभ में उनके शुल्क ही थे। प्रत्येक न्यायालय अपने पास जितना अधिक कार्य ला सके, उतना लाने का प्रयास करता था" (वेल्थ ऑफ नेशन्स V. १. II. २१)

जैसे-जैसे जनसंख्या बढ़ी, लोगों को रहने के लिए भूमि की आवश्यकता पड़ी, और मवेशियों के लिए चारे की मांग भी बढ़ी। पेड़ काटे जाने लगे, पर प्रश्न यह था — जो वृक्ष सदियों से वहाँ खड़ा था, उसका स्वामी कौन? वह

व्यक्ति जिसके भूखंड पर वह खड़ा था, या वह जिसने उसे काटा? और फिर, उस लकड़ी का क्या हो? उसकी बिक्री कैसे हो? कौन-सी लकड़ी श्रेष्ठ है? क्या वह केवल जलावन है, या उससे घर और फर्नीचर भी बन सकता है?

"अपने आरंभिक स्वरूप में, हर देश का अधिकांश भाग वनों से आच्छादित होता है... जैसे-जैसे कृषि प्रगति करती है, वनों को आंशिक रूप से जोतने की प्रक्रिया और आंशिक रूप से मवेशियों की बढ़ती संख्या के कारण काटा जाता है... जब ये मवेशी जंगलों में खुले घूमते हैं, तो वे पुराने वृक्षों को नष्ट तो नहीं करते, परंतु नए वृक्षों की वृद्धि को रोक देते हैं। इस प्रकार एक-दो शताब्दियों में संपूर्ण वन नष्ट हो जाते हैं।" (वेल्थ ऑफ नेशन्स I. ११. II. १५)

स्पष्ट है कि स्मिथ भूमि के उपयोग और जनसंख्या परिवर्तन की चिंताओं को लेकर सजग थे। उन्होंने जिन विचारों की नींव रखी, वे ही आगे चलकर त्रिसूत्रीय उत्तरदायित्व की अवधारणा की प्रेरणा बने। यद्यपि स्मिथ प्रकृति-संरक्षण की चिंता नहीं करते थे, लेकिन वे इस बात पर चिंतित थे कि मानव किस प्रकार से पर्यावरण को बदलता है। जहाँ अधिकांश यूरोपीय विचारक पृथ्वी को एक नियोजित सृष्टि मानते थे, वहीं स्मिथ ने इस मानव-प्रेरित परिवर्तन को एक सकारात्मक प्रक्रिया के रूप में देखा।

"धन और वैभव की सुख-संपन्नताएँ... कल्पना में कुछ भव्य, सुंदर और उच्च प्रतीत होती हैं — जिनकी प्राप्ति के लिए समस्त श्रम और चिंता व्यर्थ नहीं मानी जाती। और यह अच्छा ही है कि प्रकृति हमें इस प्रकार मोहित करती है... यही आकर्षण मानव उद्योग को उत्तेजित करता है और उसे निरंतर गतिशील बनाए रखता है... इसी प्रेरणा से वे भूमि को जोतते हैं, घर बनाते हैं, नगर और राष्ट्र स्थापित करते हैं, विज्ञान और कला का आविष्कार और विकास करते हैं — ये सभी कार्य मानव जीवन को गौरवमय और समृद्ध बनाते हैं; जिन्होंने पृथ्वी के समस्त स्वरूप को ही परिवर्तित कर दिया है... मानव श्रम के माध्यम से पृथ्वी अपनी प्राकृतिक उर्वरता को

> दोगुना करने के लिए बाध्य हुई है, और उसने पहले से अधिक जनसंख्या का पालन किया है।" (टीएमएस IV. I. ९-१०)

स्मिथ ने स्पष्ट किया कि जब व्यापारिक समाज उभरा, तब भोजन पर आधारित जीवन शैली से वस्तुओं के विनिर्माण की ओर संक्रमण हुआ। इसका अर्थ केवल भौतिक आवश्यकताओं की पूर्ति के तौर-तरीकों का बदलना नहीं था, बल्कि पृथ्वी के स्वरूप का भी सतत् रूपांतरण था।

स्मिथ ने दो अलग-अलग राजनीतिक-आर्थिक व्यवस्थाओं की रूपरेखा रखी — नगरों में रहने वाले व्यापारी और व्यवसायी, और ग्रामीण क्षेत्रों में रहने वाले किसान एवं पशुपालक। परंतु उनके अनुसार इन दो क्षेत्रों के मध्य एक ठोस भौतिक सम्बन्ध को समझे बिना कोई भी नीति सफल नहीं हो सकती थी।

> "हर सभ्य समाज का महान व्यापारिक तंत्र नगरवासियों और ग्रामीणों के बीच चलता है। इसमें कच्चे उत्पादों और निर्मित वस्तुओं का विनिमय होता है... दोनों पक्षों को लाभ होता है — यह आपसी और पारस्परिक होता है, और श्रम विभाजन की यह व्यवस्था — अन्य सभी क्षेत्रों की भांति — इसमें संलग्न प्रत्येक व्यक्ति के लिए लाभप्रद होती है।" (वेल्थ ऑफ नेशन्स III. १. १)

जैसा कि स्मिथ ने कहा, एक व्यापारिक समाज में मनुष्य और भूमि के बीच संतुलित जैविक संतुलन तभी संभव है, जब इन राजनीतिक विरोधाभासों को सुलझाया जाए। मनुष्य और प्रकृति के संबंधों का सूक्ष्म अध्ययन राजनीतिक अर्थव्यवस्था की उन्नति का अभिन्न अंग रहा है। इसी संदर्भ में आज हमें यह सोचना होगा कि राजनीतिक और आर्थिक अनुसंधान हमें क्या दिशा दे सकते हैं। क्या कृत्रिम बुद्धिमत्ता अर्थात एआइ इस संसार के लिए लाभकारी सिद्ध हो सकती है? क्या यह निर्माण, परिवहन और विनिर्माण क्षेत्रों में ऊर्जा की दक्षता बढ़ा सकती है, जिससे कचरा और कार्बन प्रदूषण घटे?

AI सौर और पवन ऊर्जा जैसी नवीकरणीय ऊर्जा स्रोतों को अधिक स्थिर और प्रभावी बना सकती है — उनके उत्पादन और भंडारण की प्रक्रिया में सुधार कर। स्मार्ट ग्रिड्स में विद्युत वितरण को नियंत्रित कर सकती है, जिससे ट्रांसमिशन हानि घटे और हरित ऊर्जा का बेहतर समावेश संभव हो। AI आधारित प्रणाली जल, वन और कृषि में कार्यरत लोगों को उनके संसाधनों का सर्वोत्तम उपयोग करना सिखा सकती है। ये परिवर्तन दीर्घकालिक सतत उपायों को जन्म दे सकते हैं, जो पृथ्वी पर बोझ कम करें।

ड्रोन और सेंसर, जो AI द्वारा संचालित हों, पर्यावरण की वास्तविक समय में निगरानी कर सकते हैं — प्रदूषण की पहचान और रोकथाम, वनों की कटाई की सूचना, और अन्य पर्यावरणीय खतरों को कम करना संभव हो सकता है। परिपत्र अर्थव्यवस्था के तहत, AI आपूर्ति श्रृंखलाओं को अधिक कुशल बनाकर अपशिष्ट घटा सकती है, पुनर्चक्रण दर बढ़ा सकती है और संसाधनों के पुनः उपयोग को सरल बना सकती है।

५. नवीन अर्थव्यवस्था का युग

हर वर्ष हरित ऊर्जा और उसके भंडारण की क्षमता में वृद्धि हो रही है, जिससे वह पारंपरिक जीवाश्म ईंधनों के समकक्ष — और कई बार उनसे भी अधिक — प्रतिस्पर्धात्मक बनती जा रही है। आज से एक दशक पूर्व जिस सौर ऊर्जा की लागत चार गुनी थी, वह अब एक चौथाई पर पहुँच चुकी है। सौर पैनलों को आज न केवल भवनों की छतों पर, बल्कि छोटे दुकानों और सड़क-बत्तियों पर देखा जा सकता है — और यही इसे एक प्रमुख रोज़गार प्रदाता भी बना रहा है।

अल्प और मध्यम अवधि में, विशेषज्ञों का मानना है कि यदि स्वच्छ ऊर्जा पर एक मिलियन डॉलर व्यय किया जाए, तो वह जीवाश्म ईंधनों पर समान राशि खर्च करने की तुलना में दोगुने से अधिक नौकरियाँ उत्पन्न कर सकती है। इस बात पर अब संदेह नहीं कि यदि जलवायु परिवर्तन के विरुद्ध ठोस कदम उठाए जाएँ, तो उसका सकारात्मक प्रभाव समाज और अर्थव्यवस्था दोनों पर पड़ सकता है — जब तक कि इसके विपरीत कोई प्रमाण न आ जाए।

आधुनिक विश्व अब स्वच्छ जल, निर्मल वायु, जलवायु संतुलन, और वन्यजीव संरक्षण की चिंता करता है। पारिस्थितिक वस्तुओं का मूल्य लगाना कठिन होता है, परंतु जब वे नष्ट हो जाती हैं, तो उसकी कीमत अपरिमेय हो सकती है। कुछ महानगरों की जल संकट की स्थिति इसका जीवंत उदाहरण है। यदि हम जलवायु परिवर्तन पर कार्यवाही करें, तो इससे आर्थिक उन्नयन और जन-कल्याण दोनों के द्वार खुल सकते हैं। यही विचार आज 'पर्यावरणीय अर्थशास्त्र' के रूप में विकसित हो रहा है जिसमें नीति-निर्माण का एक ही लक्ष्य होता है कि लागत-प्रभावी ढंग से संसाधनों का संरक्षण, उपयोग, और वितरण सुनिश्चित हो।

कार्बन मूल्य निर्धारण एक ऐसी नीति है जिसका उद्देश्य होता है कार्बन उत्सर्जन की बाह्य लागतों को आंतरिक बनाना — यानी कि कार्बन डाइऑक्साइड उत्सर्जन पर प्रत्यक्ष मूल्य आरोपित किया जाए। इसके दो मुख्य तरीके हैं — कार्बन कर और कैप-एंड-ट्रेड प्रणाली। या तो जीवाश्म ईंधनों के उत्खनन या आयात पर, अथवा उसके दहन के बिंदु पर प्रति टन उत्सर्जन का शुल्क वसूला जाता है। 'कैप' के अनुसार राज्य तय यह करता है कि किसी क्षेत्र या उद्योग में कितनी अधिकतम कार्बन उत्सर्जन की अनुमति दी जाएगी। यदि कोई इकाई इस सीमा से कम उत्सर्जन करती है, तो वह अपने प्रदूषण-भत्ता को कार्बन बाज़ार में बेच सकती है। इन भत्तों का मूल्य बाज़ार में मांग और आपूर्ति द्वारा तय होता है।

कार्बन ऑफ़सेट कार्यक्रमों के माध्यम से व्यवसाय अपनी कार्बन प्रदूषण की भरपाई उन परियोजनाओं में निवेश कर के कर सकते हैं जो ग्रीनहाउस गैसों को कम या समाप्त करती हैं — जैसे नवीकरणीय ऊर्जा का प्रयोग, वृक्षारोपण, मीथेन संग्रहण, आदि। इन परियोजनाओं से उत्पन्न उत्सर्जन में कमी को कार्बन क्रेडिट्स कहा जाता है, जिन्हें अन्य संगठन खरीद सकते हैं।

इन क्रेडिट्स का मूल्य इस पर निर्भर करता है कि परियोजना का स्वरूप क्या है, ऑफ़सेट की गुणवत्ता कैसी है, और बाज़ार में उसकी माँग कितनी है। यह बाज़ार कई कारकों से प्रभावित होता है — जैसे सरकार की नीतियाँ, तकनीकी नवाचार, आर्थिक बदलाव, और पेरिस समझौते जैसे वैश्विक संधि-पत्र।

हालाँकि, यह आवश्यक है कि इन प्रक्रियाओं की प्रामाणिकता, पारदर्शिता, और स्थायित्व सुनिश्चित हो — अन्यथा ये कार्बन क्रेडिट जलवायु परिवर्तन की समस्या को केवल सतही रूप से छूते हैं। साथ ही, यह भी ध्यान रखा जाना चाहिए कि कार्बन लीकेज (यानी एक देश से दूसरे देश में उत्सर्जन-स्थानांतरण) की संभावना न बढ़े, और यह परिवर्तन कमजोर समुदायों व उद्योगों के लिए भी न्यायपूर्ण हो।

परंतु, जिस प्रकार अन्य वित्तीय बाज़ार अस्थिर होते हैं, उसी प्रकार कार्बन क्रेडिट अर्थव्यवस्था भी उतार-चढ़ाव की शिकार हो सकती है। मांग-आपूर्ति, वैश्विक राजनीति, नयी तकनीकों और सरकारों की नीतियों में परिवर्तन से इनकी कीमतों में तेज़ी से बदलाव होता है। व्यापारी इन उतार-चढ़ावों पर सट्टा लगाते हैं, जिससे बाज़ार में अस्थिरता और बढ़ जाती है।

कैप-एंड-ट्रेड प्रणाली की नीतिगत रचना — जैसे नीलामी पद्धति, न्यूनतम और अधिकतम मूल्य निर्धारण — बाज़ार के व्यवहार और सट्टेबाज़ों की रणनीतियों को सीधे प्रभावित करती है। यह भी देखा गया है कि जब अंतर्राष्ट्रीय जलवायु वार्ताएँ, आर्थिक मंदी, या प्राकृतिक आपदाएँ आती हैं, तो यह बाज़ार अस्थिर हो जाता है।

इसीलिए कार्बन मूल्य निर्धारण को लागू करना एक चुनौतीपूर्ण कार्य है। इसकी वजह से लागत बढ़ जाती है, जिससे कई उद्योग अपनी लाभप्रदता को लेकर चिंतित रहते हैं। एक प्रभावशाली और संतुलित प्रणाली तैयार करने के लिए निम्न बिंदुओं का सावधानीपूर्वक ध्यान रखना आवश्यक है — मूल्य स्तर, राजस्व का वितरण, और पूरक नीतियाँ, जिससे प्रभावित समुदायों को न्यायसंगत संक्रमण सुनिश्चित किया जा सके।

६. निष्कर्ष — कार्बन निष्कासन की चक्रीय अर्थव्यवस्था

चक्रीय अर्थव्यवस्था का मूल उद्देश्य है — अपशिष्ट को न्यूनतम करना और संसाधनों के पुनः उपयोग, पुनर्चक्रण तथा पुनर्परिभाषा के माध्यम से उन्हें यथासंभव लंबे समय तक उपयोग में बनाए रखना। यह परंपरागत रेखीय मॉडल — 'लो, बनाओ, फेंको'— से हटकर एक ऐसा मार्ग है जहाँ संसाधन नष्ट नहीं

होते, बल्कि पुनरावृत्त होते हैं। इस प्रणाली से न केवल सीमित संसाधनों की खपत घटती है, बल्कि पर्यावरणीय प्रभाव भी कम होते हैं और ग्रीनहाउस गैसों का उत्सर्जन भी सीमित होता है। जैसे-जैसे संसाधनों की कमी और पारिस्थितिक क्षरण की चिंता गहराती जा रही है, वैसे-वैसे व्यवसायों, सरकारों और समुदायों द्वारा परिपत्र अर्थव्यवस्था के सिद्धांतों को अपनाने की गति भी तेज होती जा रही है।

कार्बन निष्कासन — जिसे नकारात्मक उत्सर्जन भी कहा जाता है — वह प्रक्रिया है जिसके द्वारा वायुमंडल से या प्रत्यक्ष उत्सर्जन स्रोतों से कार्बन डाइऑक्साइड को पकड़कर संग्रहीत किया जाता है, जिससे जलवायु परिवर्तन को रोका जा सके। यद्यपि उत्सर्जन में कटौती सर्वोपरि बनी हुई है, परंतु अब यह समझा जा चुका है कि नेट ज़ीरो या नेट निगेटिव उत्सर्जन के लक्ष्य तक पहुँचने के लिए कार्बन निष्कासन तकनीकों की भूमिका भी अत्यंत आवश्यक है। इन विधियों में शामिल हैं — वनरोपण एवं पुनर्वनीकरण, मिट्टी में कार्बन का भंडारण, कार्बन संचयन के साथ जैव-ऊर्जा का प्रयोग, प्रत्यक्ष वायु पकड़ प्रणाली तथा वायुवीय रासायनिक अभिक्रिया द्वारा कार्बन निष्कासन। जैसे-जैसे जलवायु संकट की तीव्रता बढ़ रही है, वैसे-वैसे इन तकनीकों और पहलों में रुचि और निवेश भी निरंतर बढ़ रहा है।

चक्रीय अर्थव्यवस्था और कार्बन निष्कासन, दोनों ही जलवायु संकट को कम करने और सततता को बढ़ावा देने में गहरी भूमिका निभा सकते हैं। परिपत्र अर्थव्यवस्था को अपनाने से समाज अपनी सीमित संसाधनों पर निर्भरता कम कर सकता है, अपशिष्ट को घटा सकता है, और संसाधन निकालने, उत्पादन और निष्कासन से होने वाले उत्सर्जनों में भी कमी ला सकता है।

वहीं दूसरी ओर, कार्बन निष्कासन तकनीकें वायुमंडल से CO_2 को हटाने का मार्ग प्रस्तुत करती हैं — जो न केवल उत्सर्जन को घटाने के प्रयासों के पूरक हैं, बल्कि उच्चतम जलवायु लक्ष्यों को पाने में सहायक भी हैं। जैसे-जैसे इन उपायों के पर्यावरणीय और आर्थिक लाभ को लेकर जागरूकता बढ़ती जा रही है, हम देखेंगे कि चक्रीय अर्थव्यवस्था की नीतियों और कार्बन निष्कासन की तकनीकों में नवाचार, निवेश और क्रियान्वयन में निरंतर वृद्धि होगी।

अध्याय ११

पर्यावरण, सामाजिक उत्तरदायित्व और सुशासन

१. अवधारणा

पर्यावरण, सामाजिक उत्तरदायित्व और सुशासन रूपरेखा — आज के व्यवसायों के लिए एक ऐसा आवश्यक मानक बन चुका है जो उन्हें केवल मुनाफे से नहीं, बल्कि उनके समाज और प्रकृति पर पड़ने वाले प्रभावों से भी आँकता है। इसका अंगीकरण इस बात की स्वीकृति है कि सफलता अब केवल मुद्रा की मात्रा से नहीं, अपितु उस सामूहिक कल्याण से मापी जाएगी जिसे कोई कंपनी अपने अस्तित्व के माध्यम से रचती है। निवेशक हों या ग्राहक, कर्मचारी हों या नियामक संस्थाएँ — सभी अब इस परिवर्तन की माँग कर रहे हैं, क्योंकि स्थायित्व और नैतिक व्यापार अब केवल आदर्श नहीं, अपेक्षा बन चुके हैं। ESG को अपने व्यापार तंत्र में समाहित कर कंपनियाँ दीर्घकालिक मूल्य सृजन का प्रयास करती हैं, साथ ही वैश्विक संकटों से भी जूझती हैं। धन आवश्यक है, परंतु यदि कोई भूखा सोए — तो वह दुनिया उत्तम नहीं हो सकती। स्मिथ की संवेदनशील चेतना से उपजा यह वाक्य आज भी प्रासंगिक है:

> 'अन्न आवश्यक है; चाँदी केवल एक अतिरिक्तता।' (वेल्थ ऑफ नेशन्स I. ११. ४४)

ESG का पर्यावरणीय पक्ष उस प्रभाव की पड़ताल करता है जो कोई व्यवसाय पृथ्वी पर डालता है — जैसे ऊर्जा की बचत, अपशिष्ट प्रबंधन, कार्बन उत्सर्जन में कमी, संसाधनों की प्राप्ति, पर्यावरणहितकारी उत्पादन विधियाँ तथा जलवायु परिवर्तन से संघर्ष। सामाजिक पहलू कर्मचारियों, स्थानीय समुदायों, उपभोक्ताओं और अन्य हितधारकों से जुड़ा होता है — मानवाधिकार, उत्पाद सुरक्षा, कार्य परिस्थितियाँ, विविधता और समावेशन, तथा सामुदायिक सहभागिता जैसे मुद्दों को यह संबोधित करता है। वहीं सुशासन में संस्थागत संचालन की पारदर्शिता, विविध बोर्ड संरचना, निष्पक्ष वेतन नीति, ईमानदारीपूर्ण व्यापारिक आचरण, और विधि व नीति के अनुपालन जैसे मूल्य निहित होते हैं।

२. ESG के लिए वैश्विक स्वीकृति

वर्ष २००४ में संयुक्त राष्ट्र के ग्लोबल कॉम्पैक्ट कार्यक्रम ने ESG शब्द को गढ़ा — एक स्वैच्छिक वैश्विक प्रयास जो कंपनियों को सतत एवं उत्तरदायी नीति अपनाने हेतु प्रेरित करता है। हालाँकि ESG की जड़ें कहीं गहरी हैं। १७५८ में फिलाडेल्फिया के क्वेकर समुदाय ने अपने सदस्यों को दास व्यापार में भाग लेने से प्रतिबंधित किया था। स्मिथ के युग में जॉन वेस्ली (१७०३–१७९१) ने इंग्लैंड की चर्च में मेथोडिस्ट आंदोलन का नेतृत्व किया, जो श्रमिकों के स्वास्थ्य को हानि पहुँचाने वाले व्यवसायों — जैसे शराब, तंबाकू, चमड़े की टैनरियाँ — में निवेश को हतोत्साहित करता था।

वेस्ली के आर्थिक नैतिकता के तीन सिद्धांत आज भी गूंजते हैं: “जितना कमा सकते हो कमाओ, जितना बचा सकते हो बचाओ, जितना दे सकते हो दो।”

१९६० के दशक में अमेरिका में सामाजिक चेतना के उभार के साथ "सामाजिक रूप से उत्तरदायी निवेश" की आधुनिक अवधारणा जन्मी। नारी अधिकार, नागरिक अधिकार, श्रमिक हित और वियतनाम युद्ध जैसे विषयों ने निवेशकों को झकझोरा। डौ केमिकल जैसी कंपनियों का विरोध हुआ जो युद्ध में प्रयुक्त नेपाम बम बनाती थीं। SRI का उद्देश्य था — पूँजी को उस दिशा में प्रवाहित करना जो नैतिक मूल्यों से मेल खाती हो। १९८० तक, जिमी

कार्टर, रोनाल्ड रीगन, और जेरी ब्राउन जैसे राष्ट्रपति पद के उम्मीदवारों ने पेंशन योजनाओं में सामाजिक उत्तरदायित्वपूर्ण निवेश की वकालत की। आज SRI को पर्यावरणीय रूप से उत्तरदायी विकास का भी मार्ग माना जा रहा है — क्योंकि पर्यावरण संकट का सर्वाधिक प्रभाव गरीब तबकों पर ही पड़ता है।

भारत के शहरी क्षेत्रों में बढ़ता वायु प्रदूषण — विशेषकर वाहनों से उत्सर्जित निलंबित कण पदार्थ और विषैली गैसें — गंभीर संकट का रूप ले चुका है। इस संदर्भ में सार्वजनिक परिवहन की भूमिका अत्यंत महत्वपूर्ण बनती है — क्योंकि इससे व्यक्तिगत वाहनों की संख्या घटती है और लोगों की गतिशीलता भी बनी रहती है। वैकल्पिक ईंधनों, तकनीकी नवाचार, और नीति समर्थन से प्रदूषण स्तर घटाया जा सकता है — बशर्ते राजनीतिक इच्छाशक्ति हो। दिल्ली मेट्रो इसका उत्कृष्ट उदाहरण है — जिसने न केवल शहर की सुलभता बढ़ाई, बल्कि आधुनिकता, गति और वैश्विक स्पर्श का अनुभव भी कराया। पर्यावरणीय क्षरण जैसे मिट्टी का कटाव, वनों का ह्रास, और जल संकट — कृषि उत्पादकता को प्रभावित करते हैं, जिससे खाद्य संकट और महँगाई उत्पन्न होती है। इसका सबसे गहरा प्रभाव गरीबों पर पड़ता है, क्योंकि उनका अधिकांश आय केवल भोजन जुटाने में खर्च हो जाता है। स्मिथ ने गहरी संवेदना से कहा था:

> "जीवन की आवश्यकताएँ ही निर्धनों का सबसे बड़ा खर्च होती हैं। वे भोजन पाने में कठिनाई झेलते हैं, और अपनी छोटी-सी आय का अधिकांश हिस्सा उसी में खर्च करते हैं। जबकि अमीरों का मुख्य व्यय ऐश्वर्य और विलासिताओं पर होता है। एक भव्य भवन उनके अन्य सभी वैभव को निखारता है... इसलिए यह अनुचित नहीं है कि अमीर केवल अपनी आय के अनुपात में ही नहीं, अपितु उससे कुछ अधिक सार्वजनिक व्यय में योगदान दें।" (वेल्थ ऑफ नेशन्स V. २. II. ४९)

इन समस्याओं के समाधान हेतु पर्यावरणीय न्याय, गरीबी उन्मूलन, और सतत विकास लक्ष्यों को एक समेकित योजना में पिरोना होगा। इसमें नवीन ऊर्जा स्रोतों का समर्थन, स्वच्छ जल और शौचालय की सुलभता, जलवायु

लचीलापन, और वंचित समुदायों की भागीदारी जैसी नीतियाँ अनिवार्य होंगी — ताकि निर्णय प्रक्रिया में वही आवाज़ें सुनाई दें जो अब तक अनसुनी रही हैं। नई सहस्राब्दी के प्रारम्भ में संयुक्त राष्ट्र ने ESG की वैश्विक चर्चा को नई दिशा दी। मिलेनियम शिखर सम्मेलन में विश्व नेता न्यूयॉर्क में एकत्र हुए और अपनी भूमिकाओं के पुनः निर्धारण पर विचार किया। आठ मिलेनियम विकास लक्ष्य (MDGs) तय किए गए जिन्हें २०१५ तक प्राप्त करना था। उसी वर्ष कार्बन डिस्क्लोजर प्रोजेक्ट (CDP) की स्थापना भी हुई, जो व्यवसायों को उनके पर्यावरणीय प्रभाव पर पारदर्शिता हेतु प्रेरित करता है — और ESG रिपोर्टिंग की परंपरा को बल देता है।

३. प्रमुख वित्तीय संस्थानों की भूमिका

सन् २००४ में संयुक्त राष्ट्र के विचारों पर आधारित एक महत्वपूर्ण रिपोर्ट प्रकाशित हुई — 'Who Cares Wins: Connecting Financial Markets to a Changing World'। इस रिपोर्ट ने यह स्पष्ट किया कि पर्यावरण, सामाजिक सरोकार और सुशासन (ESG) को वित्तीय विश्लेषण, संपत्ति प्रबंधन और प्रतिभूति दलाली जैसी प्रक्रियाओं में शामिल किया जाना चाहिए। ९ देशों की १८ वित्तीय संस्थाओं के सहयोग से तैयार की गई इस रिपोर्ट के पीछे ६ ट्रिलियन डॉलर से अधिक की परिसंपत्तियाँ थीं। इसमें यह समझाया गया कि ESG को व्यापारिक गतिविधियों में कैसे समाहित किया जाए — इसके तीन मूल खंड बनाकर: निगमीय शासन, सामाजिक विषय, और पर्यावरण।

अब प्रश्न उठता है — जब वित्तीय कंपनियाँ पूरी अर्थव्यवस्था की स्वामी बन जाएँ, तब क्या उन्हें केवल लाभ की नहीं, बल्कि समाज की भलाई की भी चिंता नहीं करनी चाहिए? इस विचार को 'समष्टि' कहा गया है — और यह ESG की आत्मा है। वास्तव में, पेंशन फंड, म्यूचुअल फंड, बीमा कंपनियाँ और संप्रभु निधियाँ — ये सभी संस्थागत निवेशक, विश्व की अधिकांश परिसंपत्तियों के स्वामी हैं। इन्हें ही सार्वत्रिक स्वामी कहा जाता है और इन्हीं के पास वह क्षमता है जिससे वे जलवायु परिवर्तन, जैव विविधता हानि और सतत विकास की वैश्विक चुनौतियों का समाधान खोज सकते हैं।

मानव-केंद्रित युग — वह युग है जब मनुष्य ने प्रकृति को बदलना शुरू किया। कुछ इसे १९४५ में अमेरिका द्वारा जापान पर गिराए गए परमाणु बमों से जोड़ते हैं, तो कुछ इसे १९८० के दशक में ओज़ोन परत के क्षरण से। कारण चाहे वाहन हों या जीवाश्म ईंधन — मतभेद अनेक हैं, पर तथ्य एक है: जलवायु बदल रही है, और यह परिवर्तन विनाशकारी है। इस विचारधारा के अनुसार, बड़े निवेशकों के पास विविध पोर्टफोलियो होते हैं — जो विभिन्न उद्योगों और भौगोलिक क्षेत्रों को समाहित करते हैं। इसलिए वे कंपनियों को टिकाऊ प्रथाओं, पर्यावरणीय संरक्षकता, सामाजिक उत्तरदायित्व और सुशासन की ओर प्रेरित कर सकते हैं। अब निवेश निर्णय केवल लाभ और जोखिम के आधार पर नहीं, बल्कि ESG तत्वों को ध्यान में रखते हुए लिए जाते हैं। यह केवल निवेशकों के लिए ही नहीं, समस्त समाज के लिए स्थिरता का मार्ग बन सकता है। जैसा स्मिथ ने कहा था:

> "प्रत्येक व्यक्ति द्वारा अपनी स्थिति सुधारने का एकरूप, निरंतर और अविच्छिन्न प्रयास... अक्सर प्रशासन की तमाम भूलों और शासन की अपव्ययता के बावजूद प्रगति की दिशा को बनाए रखने के लिए पर्याप्त होता है।" (वेल्थ ऑफ नेशन्स II. ३. ३१)

जब हम प्रणालियों का अध्ययन करते हैं, तो एक मौलिक सिद्धांत सामने आता है — समष्टि, अपने घटकों के योग से अधिक होती है। यह शेयर बाज़ार में भी सत्य है, जहाँ एक निवेशक अनेक कंपनियों में हिस्सेदारी रखता है। 'समष्टि' का तात्पर्य है कि यदि ऊर्जा या यूटिलिटी कंपनियों में आपका निवेश है, तो आपको यह भी चाहना चाहिए कि वे हरित ऊर्जा को अपनाएँ, और कार्बन उत्सर्जन घटाएँ। हालाँकि इससे अल्पकालिक लाभ घट सकते हैं, लेकिन दीर्घकाल में एक स्वस्थ पर्यावरण सभी के लिए लाभकारी होगा। स्मिथ ने इस संदर्भ में लिखा:

> "मजदूरी की वृद्धि का कारण राष्ट्र की कुल संपत्ति नहीं, अपितु उसमें सतत वृद्धि है। अतः सबसे धनी राष्ट्रों में नहीं, बल्कि जो राष्ट्र सबसे तीव्र गति

> से समृद्ध हो रहे हैं — वहीं श्रमिकों की मजदूरी सर्वाधिक होती है। यद्यपि इंग्लैंड अमेरिका से अधिक धनी है, फिर भी वहाँ की मजदूरी अमेरिका से कम है।" (वेल्थ ऑफ नेशन्स I. ८. २२)

परंतु यह मार्ग सरल नहीं, बल्कि एक भूलभुलैया है। ESG लक्ष्यों का पीछा करते हुए लोग अक्सर भ्रमित हो जाते हैं — क्योंकि कभी-कभी सबसे उचित निर्णय समय-सापेक्ष होता है। उदाहरणस्वरूप — कई द्वीपीय राष्ट्र, जो आर्थिक रूप से पिछड़े हैं, उन्हें तेल व गैस उत्खनन से नहीं रोका जा सकता, क्योंकि वही उनका एकमात्र स्रोत है। ESG प्रयासों के भीतर भी परस्पर टकराव हो सकते हैं — जैसे किसी एक कंपनी द्वारा हरित उपायों के 'सर्वोत्तम संयोजन' की तलाश। परंतु यह धारणा मान लेती है कि 'सर्वोत्तम' क्या है — इस पर सभी सहमत हैं, जो प्रायः नहीं होता। स्मिथ पुनः चेताते हैं:

> "कोई चाहे देश की वास्तविक संपदा और आय को भूमिपरक उत्पादन एवं श्रम का मूल्य माने, जैसा कि तर्क कहता है, या केवल बहती हुई कीमती धातुओं की मात्रा, जैसा कि सामान्य भ्रम में माना जाता है — परंतु किसी भी दृष्टिकोण से देखा जाए, हर अपव्ययी व्यक्ति एक सार्वजनिक शत्रु है, और हर मितव्ययी एक सार्वजनिक हितैषी।" (वेल्थ ऑफ नेशन्स II. ३. २५)

४. संयुक्त राष्ट्र जलवायु परिवर्तन सम्मेलन (कॉप-२१)

दिसंबर २०१५ में पेरिस में आयोजित *संयुक्त राष्ट्र जलवायु परिवर्तन सम्मेलन (कॉप-२१)* में एक अंतरराष्ट्रीय जलवायु संधि को कानूनी मान्यता दी गई। यह संधि यूरोपीय संघ सहित १९० देशों द्वारा अनुमोदित की गई। इसका मूल उद्देश्य है कि औद्योगिक युग से पहले की तुलना में वैश्विक औसत तापमान की वृद्धि को २ डिग्री सेल्सियस से कम रखा जाए और इसे १.५ डिग्री सेल्सियस तक सीमित करने का प्रयास किया जाए। इस समझौते के मुख्य स्तंभ हैं — राष्ट्रीय स्तर पर निर्धारित योगदान (nationally determined contributions,

NDCs), वैश्विक मूल्यांकन प्रक्रिया (global stocktake), विकासशील देशों को वित्तीय सहायता, और पर्यावरणीय तकनीकों का स्थानांतरण।

हर देश ने यह वचन दिया कि वह अपने जलवायु कार्ययोजनाओं को प्रस्तुत करेगा — जिसमें ग्रीनहाउस गैसों के उत्सर्जन में कटौती के लक्ष्य शामिल होंगे। यह समझौता एक नियमित निगरानी प्रणाली की रूपरेखा भी तय करता है जिससे दीर्घकालीन लक्ष्यों की दिशा में हुई प्रगति का मूल्यांकन किया जा सके। विकसित देशों ने यह भी वादा किया कि वे विकासशील देशों को जलवायु परिवर्तन से निपटने और अनुकूलन की दिशा में वित्तीय सहायता और पर्यावरण-स्नेही तकनीकी साधन प्रदान करेंगे।

ईएसजी (पर्यावरण, सामाजिक उत्तरदायित्व और सुशासन) और कॉप — दोनों ही मिलकर जलवायु संकट से लड़ने और टिकाऊ विकास को प्रोत्साहित करने में सहभागी हैं। जहाँ ईएसजी का प्रभाव व्यावसायिक नीतियों और निवेश निर्णयों पर पड़ता है, वहीं कॉप जैसे वैश्विक सम्मेलन पर्यावरणीय दिशानिर्देशों और लक्ष्यों को दिशा देते हैं। जैसे-जैसे जलवायु परिवर्तन के प्रभावों की समझ गहराती है, *ईएसजी ढाँचे में पर्यावरणीय घटकों को अधिक महत्त्व* मिलने लगा है।

सन् २०२१ के नवम्बर-दिसम्बर में आयोजित ग्लास्गो सम्मेलन (कॉप-२६) में १२० राष्ट्राध्यक्ष और ४०,००० से अधिक प्रतिभागियों ने भाग लिया। यही वह भूमि थी जहाँ एडम स्मिथ ने अपनी युगप्रवर्तक कृतियाँ रची थीं। यह केवल संयोग हो सकता है, परंतु एक संकेत भी है — कि विश्व अब पर्यावरण-संवेदी पूँजीवाद की ओर बढ़ रहा है। इन दो सप्ताहों में जलवायु परिवर्तन से संबंधित विज्ञान, समाधान, राजनीतिक इच्छाशक्ति और ठोस कार्य संकेत — सभी पर वैश्विक दृष्टि केंद्रित रही। अब तक केवल वामपंथी और मार्क्सवादी विचारक ही पारिस्थितिकी पर बात करते थे, परंतु अब क्या विश्व पूँजीवाद का नवीन संस्करण – 'कैपिटलिज़्म २.०' गढ़ने की ओर है?

पिछले वर्षों में मौसमीय असामान्यताएँ और प्रकृति पर प्रतिकूल प्रभाव — विशेषकर मानव स्वास्थ्य — इतने गहरे हो चुके हैं कि अब *बड़े निवेशकों*

की सोच भी धीरे-धीरे बदल रही है। शायद यह प्रक्रिया धीमी हो, परंतु भविष्य में कंपनियों के लिए यह एक *सामान्य मानक* बन जाएगा कि उनकी नीतियाँ जलवायु के अनुकूल हों, न कि विरोधी। जितनी अधिक नैतिकता से कोई संस्था व्यवहार करेगी, उतनी ही अधिक उसे प्रतिष्ठा, निवेश और व्यवसायिक विस्तार मिलेगा। यह केवल कर्म की बात नहीं, भावना की भी बात है। कई विद्वान कहते हैं — "सिर्फ यह नहीं मायने रखता कि आप क्या करते हैं, बल्कि यह भी मायने रखता है कि आप क्यों करते हैं।"

कॉप-२६ में *लगभग २०० देशों,* जिनमें *भारत और चीन* जैसे बड़े देश शामिल हैं, ने ग्रीनहाउस गैसों में कटौती के प्रयासों को तेज करने का संकल्प लिया। *४० से अधिक देशों* — जिनमें कोयले पर अत्यधिक निर्भर राष्ट्र भी थे — ने यह वादा किया कि वे *सौर, जल और पवन ऊर्जा* जैसे वैकल्पिक स्रोतों को प्राथमिकता देंगे। यद्यपि इन प्रतिज्ञाओं की समयसीमा अलग-अलग है, परंतु इनका लक्ष्य स्पष्ट है — कार्बन-उत्सर्जन करने वाले ऊर्जा स्रोतों से दूरी बनाना। १०० से अधिक देशों, जिनमें अमेरिका और यूरोपीय संघ जैसे मीथेन उत्सर्जन में अग्रणी राष्ट्र भी शामिल हैं, ने २०२० की तुलना में २०३० तक मीथेन उत्सर्जन में ३०% की कमी का वादा किया। समृद्ध देशों ने यह भी आश्वासन दिया कि वे निर्धन देशों को जलवायु परिवर्तन के प्रभावों से जूझने और स्वच्छ ऊर्जा में संक्रमण के लिए वित्तीय सहायता देंगे। इसमें यह वादा भी शामिल है कि जलवायु कार्यों के लिए हर वर्ष १०० अरब डॉलर जुटाए जाएँगे।

५. प्रचुरता की अर्थव्यवस्था

कमी, पर्याप्तता और प्रचुरता— इन तीन आर्थिक अवस्थाओं का अस्तित्व नया नहीं है। सहस्राब्दियों से समाज में धनी, निर्धन और मध्यवर्ग का विभाजन रहा है। 'प्रचुरता की अर्थव्यवस्था' उस स्थिति को कहा जाता है जब वस्तुओं या सेवाओं की आपूर्ति माँग से अधिक हो जाती है। इक्कीसवीं सदी में लोग उत्पादन से अधिक उपभोग करने लगे हैं। उपभोग-आधारित जीवनशैली अब आदत बन चुकी है, और परिणामस्वरूप, आर्थिक ढाँचा सेवाओं पर अधिक निर्भर हो गया

है। स्वचालन और डिजिटलीकरण ने उत्पादन को इतना कुशल बना दिया है कि अब व्यवसायों को परंपरागत श्रमिक बल की आवश्यकता कम पड़ती है। इससे कुछ लोग पारंपरिक 'काम' से बाहर हो गए हैं। कंपनियाँ अब करोड़ों रुपये प्रचार और विज्ञापन में खर्च करती हैं ताकि उपभोक्ताओं की आदतें बदली जा सकें — और वे उन वस्तुओं व सेवाओं की भी चाह करने लगें जो उन्हें वास्तव में आवश्यक नहीं हैं। इसने मनुष्य को सिर्फ श्रमिक नहीं, उपभोक्ता के रूप में परिभाषित कर दिया है। एडम स्मिथ कहते हैं:

> "हर व्यक्ति अपनी पूँजी का सर्वाधिक लाभकारी उपयोग खोजने का निरंतर प्रयास करता है। उसका लक्ष्य भले ही स्वयं का हित हो, पर यही स्वहित उसे उस दिशा में ले जाता है जो अंततः समाज के लिए भी सर्वोत्तम होती है।" (वेल्थ ऑफ नेशन्स IV. २. ४)

> ". . . वह केवल अपना लाभ चाहता है, परंतु जैसे अनेकों मामलों में होता है, वह एक अदृश्य हाथ द्वारा एक ऐसे लक्ष्य की ओर प्रेरित होता है, जो उसका उद्देश्य नहीं था।" (वेल्थ ऑफ नेशन्स IV. २. ९)

प्रचुरता की इस व्यवस्था में सबसे बड़ी चुनौती है — लोगों को खर्च के लिए प्रेरित करना।

प्रश्न उठते हैं कि इतनी विशाल उत्पादन क्षमता का उपयोग कैसे हो? कौन-से मार्ग अपनाए जाएँ कि अमीर वर्ग नवीन वस्तुओं और ब्रांडेड उत्पादों पर व्यय करता रहे? उपभोक्तावादी संस्कृति को कैसे जीवित रखा जाए? और यदि उपभोग निरंतर बढ़े, तो पैसे आएँगे कहाँ से? दो उत्तर सामने आते हैं: प्राकृतिक संसाधनों को पूँजी में बदलकर जनसामान्य को वितरित करना, सार्वभौमिक बुनियादी आय।

विश्व के अनेक क्षेत्रों — पर्शियन खाड़ी, रूस, अफ्रीका और लातिनी अमेरिका — में अब भी अछूते तेल और गैस भंडार मौजूद हैं। विकासशील देशों के पास विशाल श्रमशक्ति है, पर उन्हें उचित भुगतान नहीं मिलता। यदि

प्राकृतिक संसाधनों से होने वाली आय का उपयोग इन देशों की श्रमशक्ति को समुचित परियोजनाओं में लगाने हेतु हो, तो यह सार्वजनिक संपत्तियों — जैसे विद्यालय, अस्पताल, सड़क आदि — के लिए भी अनुकूल सिद्ध हो सकता है। इतिहास बताता है कि आर्थिक विकास और लोकतंत्र साथ-साथ चलते हैं — और यही प्राकृतिक धन, दीर्घकाल में लोकतांत्रिक प्रगति का साधन भी बन सकता है।

UBI एक ऐसी व्यवस्था है जो यह मानती है कि अब श्रम बाज़ार लोगों की बुनियादी आवश्यकताओं को सुनिश्चित नहीं कर सकता। UBI के अंतर्गत प्रत्येक वयस्क को नियमित रूप से एक निश्चित राशि मिलती है — जीवन जीने के लिए, केवल इस कारण कि वह जन्मा है। इसका उद्देश्य है — जीवन की नींव को सुरक्षित करना, ताकि व्यक्ति सर्वाइवल की चिंता से मुक्त होकर सृजन और विकास की दिशा में बढ़ सके। अब प्रश्न उठता है — UBI का वित्त पोषण कौन करेगा? उत्तर है — वे शीर्षस्थ कंपनियाँ, जिनके पास आज अधिकांश संपत्ति केंद्रित है। वे क्यों करेंगी? क्योंकि यदि स्वचालन से होने वाला लाभ केवल उन्हीं के पास रहा, तो शेष समाज मुक्त व्यापार और प्रवासन के विरुद्ध खड़ा हो सकता है। साथ ही, UBI के माध्यम से बचपन में हस्तक्षेप, विकलांग जनों के लिए सेवाएँ, और उच्च शिक्षा तक पहुँच को सशक्त किया जा सकता है।

६. निष्कर्ष — पूँजीवाद २.०

'पूँजीवाद २.०' — यह शब्द अब उस नए पूँजीवाद की संकल्पना को व्यक्त करता है जो पारंपरिक लाभ-केंद्रित ढाँचे से आगे बढ़ चुका है। यह अब एक ऐसी प्रणाली की ओर इशारा करता है जो सामाजिक उत्तरदायित्व, नैतिकता, सतत विकास, और धन के न्यायसंगत वितरण को अपने मूल में स्थान देती है। एडम स्मिथ के दृष्टिकोण के अनुरूप — आर्थिक समृद्धि के साथ-साथ विषमता को कम करने, सामाजिक सुरक्षा तंत्र स्थापित करने, और सभी को समान अवसर देने की आवश्यकता है।

पूँजीवाद २.० इस विचार को आगे बढ़ाता है कि स्वहित को नैतिक चिंताओं के साथ संतुलित किया जाना चाहिए। यह कंपनियों को इस ओर प्रोत्साहित

करता है कि वे लाभ के साथ-साथ समाज और पृथ्वी के हित में भी कार्य करें — क्योंकि दीर्घकाल में वही टिकाऊ होता है। इस नवयुगीन पूँजीवाद में अनेक विचार सम्मिलित हैं: सामाजिक उत्तरदायी पूँजीवाद, समावेशी अर्थव्यवस्था, हरित अर्थव्यवस्था — जिसमें हरित नवाचार, नवीकरणीय ऊर्जा में निवेश, और कार्बन मूल्य निर्धारण के माध्यम से पर्यावरणीय लागतों को सामने लाया जाता है। साथ ही इसमें नीली अर्थव्यवस्था की भी बात होती है — जो महासागर से ऊर्जा और बायोटेक्नोलॉजी का दोहन करती है।

अध्याय १२

विकासः एक गौरवपूर्ण साधना

१. अवधारणा – नैतिकता संपन्नता का मूलाधार है

क्या यह संभव है कि कोई व्यक्ति समृद्ध हो पर दुष्ट न हो? निःसंदेह संभव है। संपत्ति अर्जित की जा सकती है नैतिक और धर्मसंगत मार्गों से। समाज के हित में कुछ नया बनाकर, जीवन की जटिल समस्याओं का सार्थक समाधान देकर, या उत्तम ढंग से व्यवसाय संचालित कर—मनुष्य धन तो प्राप्त करता ही है, साथ ही लोकहित में भी योगदान देता है। पिछले ग्यारह अध्यायों में हमने यही देखा कि किस प्रकार मनुष्य एक सहज नैतिक भावना से प्रेरित होता है—जो उसे दूसरों को सुखी देखने की आकांक्षा से जोड़ती है। यही भावना समाज और व्यवसाय की आधारशिला है, और इसका दर्शन एडम स्मिथ की दो अमर कृतियों में मिलता है—"थ्योरी ऑफ मॉरल सेंटिमेंट्स" और "दि वेल्थ ऑफ नेशन्स"।

एडम स्मिथ ने सहानुभूति और करुणा, न्याय और निष्पक्षता, सृजनशील श्रम और नवाचार, सामाजिक उत्तरदायित्व, तथा परस्पर सहयोग की भावना को न केवल व्यक्तिगत जीवन में, अपितु व्यावसायिक जीवन में भी नैतिकता के स्तंभों के रूप में स्थापित किया। इन सिद्धांतों के आधार पर, हम आर्थिक रूप से भी उन्नति कर सकते हैं। हमने इन विचारों पर विस्तार से चर्चा की है—और अब यह अध्याय उन सबको एक सूत्र में पिरोते हुए यह दर्शाएगा कि विकास ही जीवन का केंद्रीय उद्देश्य है।

पूर्ण संपन्नता न केवल बाहरी वैभव देती है, बल्कि भीतर एक गहरी तृप्ति और आत्म-संतोष का अनुभव भी कराती है। यह जीवन में व्यवस्था और समृद्धि

की भावना उत्पन्न करती है, जिससे दूसरों को भी उसी मार्ग पर चलने की प्रेरणा मिलती है और भविष्य के प्रति आश्वस्ति का भाव उपजता है।

स्मिथ की 'अदृश्य सहयोग' की परिकल्पना यह कहती है कि जब मनुष्य अपनी स्वार्थसिद्धि हेतु प्रतिस्पर्धी बाजारों में कार्य करता है, तो वह अनजाने में ही दूसरों की भी भलाई कर बैठता है—मांग और आपूर्ति की शक्ति के माध्यम से। अतः धनार्जन को शून्य-योग खेल की भांति नहीं देखना चाहिए, बल्कि यह एक ऐसा प्रक्रिया है जिसमें सभी को भागीदारी और सफलता मिलती है। जब लोग अपने कर्मों के सामाजिक प्रभाव को समझने लगते हैं, तो समाज का उत्थान अपने आप होने लगता है। वस्तुएं बनाना, सेवाएं देना—यह सब दूसरों की आवश्यकताओं की पूर्ति करते हुए सामाजिक जीवन को समृद्ध करता है।

आज अधिकाधिक व्यवसाय ईमानदारी, पारदर्शिता और विश्वास के साथ आगे बढ़ रहे हैं। इसके लिए आवश्यक है कि कर्मचारियों, ग्राहकों और आपूर्तिकर्ताओं के साथ न्यायसंगत व्यवहार किया जाए और सभी विधिक तथा नैतिक मापदंडों का पालन किया जाए। वित्तीय संस्थान आज उन्हीं परियोजनाओं में निवेश कर रहे हैं जो समाज के लिए हितकारी हैं। धनाढ्य व्यक्तियों ने अपने धन से अनेक सामाजिक संगठनों और कार्यों को समर्थन दिया है। किन्तु अब यह भावना और गहरी हो चली है—कि मूल्य का निर्माण नैतिक और उत्तरदायी ढंग से हो। यह एक ऐसी चेतना है, जो आज के समय में हवाओं में भी बह रही है। अधिकांश लोग अब पर्यावरण और समाज के दीर्घकालिक हित में कार्य कर रहे हैं।

२. आध्यात्मिक जीवन

अधिकांश धर्म यही कहते हैं कि जीवन का उद्देश्य आत्मिक विकास, चेतना की उन्नति या ईश्वर की इच्छा की पूर्ति है। हिंदू दर्शन में धर्म, अर्थ, काम, मोक्ष—इन चार पुरुषार्थों का अध्ययन और साधना जीवन के चार स्तंभ माने गए हैं। मानवतावादी सोच के अनुसार, जीवन का उद्देश्य व्यक्तिगत विकास, ज्ञान की प्राप्ति, सार्थक संबंधों का निर्माण, और सभी मनुष्यों के हित में प्रगति लाना हो

सकता है। कुछ विचारक यह भी मानते हैं कि जीवन में अपने आप कोई निहित अर्थ नहीं होता, बल्कि मनुष्य उसे स्वयं अपने कर्मों, चुनावों, आदर्शों और संसार से जुड़ाव के माध्यम से अर्थ प्रदान करता है।

जीवन का अर्थ विभिन्न आयामों में पाया जा सकता है—अपने शौक और रुचियों को जीकर, व्यक्तिगत लक्ष्यों को प्राप्त करके, समाज पर सकारात्मक प्रभाव डालकर, दूसरों की सेवा कर, या आत्म-संतोष की खोज में। जीवन का मर्म अत्यंत व्यक्तिनिष्ठ और निजी होता है—यह हर किसी के लिए भिन्न होता है। इसमें आध्यात्मिक, मानसिक, मानवीय और व्यक्तिगत पहलू समाहित होते हैं, जिन्हें संस्कृति, समाज और व्यक्तिगत अनुभव गढ़ते हैं। अपने जीवन के अर्थ को पहचानना और उसकी खोज करना एक निरंतर चलने वाली प्रक्रिया है—जो समय के साथ बदलती भी है, और निखरती भी है। जीवन के उद्देश्य को लेकर इस व्यापक विविधता को जानना हमें अपने भीतर झाँकने और अपने आदर्शों की पुनः खोज करने के लिए प्रेरित करता है—यह एक ऐसी प्रक्रिया है जो अंतर्मन को रोमांचित कर देती है।

विकास और संपन्नता, वस्तुतः, जीवन की परम सुंदर अभिव्यक्तियाँ हैं। इनमें कोई विरोध नहीं—ये तो परस्पर पूरक हैं। चाहे वह व्यक्तिगत विकास हो, करियर में सफलता हो, या आर्थिक सुरक्षा—ये सभी जीवन को सार्थक बनाते हैं, और आनंद की वृद्धि करते हैं। व्यक्तिगत रूप से विकसित होना एक उत्तम अनुभव है—यह आत्म-ज्ञान की यात्रा है, आत्म-विकास की प्रक्रिया है, और अपनी पूर्णता की खोज है। जब कोई इस विकास के मार्ग पर चलता है, तो वह स्वयं को अपने श्रेष्ठतम स्वरूप में ढालने की दिशा में अग्रसर होता है—हर क्षेत्र में श्रेष्ठ बनने की आकांक्षा उसे प्रेरित करती है। हालाँकि यह यात्रा सरल नहीं होती—यह परिश्रम, समर्पण और मानसिक दृढ़ता मांगती है। किंतु इसके फल अप्रतिम होते हैं—यह आपको गहरी संतुष्टि, अर्थ और उद्देश्य की अनुभूति कराती है। आप चुनौतियों से निपटने में सक्षम बनते हैं, गहरे संबंध बनाते हैं, और सबसे महत्वपूर्ण—संसार को थोड़ा और बेहतर बना जाते हैं।

व्यावसायिक सफलता का गुण भी यही है—जब आप अपने क्षेत्र में न केवल लक्ष्य प्राप्त करते हैं, बल्कि एक सकारात्मक प्रभाव भी छोड़ते हैं, तो जो

तृप्ति मिलती है वह किसी पद या वेतन से बड़ी होती है। अपने सम्पूर्ण सामर्थ्य का साकार होना, अपनी प्रतिभा को संसार के साथ बाँटना, और अपने कार्य में हर्ष पाना—यही असली सफलता है। इसके लिए स्पष्ट लक्ष्य निर्धारण आवश्यक है, और उन्हें प्राप्त करने हेतु निरंतर प्रयत्न भी। अपनी दक्षता, ज्ञान और कौशल में निवेश करना आपको प्रतिस्पर्धा में आगे रखता है। साथ ही, सहकर्मियों, मार्गदर्शकों, ग्राहकों और अन्य पेशेवरों से जुड़े रहना—आपके इस सफ़र में सहयोग और प्रेरणा देता है।

ईमानदारी और उत्तरदायित्व की भावना अत्यंत प्रशंसनीय है। जो लोग नैतिक मानकों का पालन करते हैं, वे न केवल अपने कार्य में सच्चे होते हैं, बल्कि अपने समुदाय और संगठन में भी सकारात्मक योगदान देते हैं। हाँ, यह भी सच है कि व्यावसायिक सफलता हर किसी के लिए एक जैसी नहीं होती। यह हर किसी की अपनी परिभाषा से तय होती है—जो समय के साथ उसके लक्ष्यों और मूल्यों के अनुसार बदल सकती है। आपकी सफलता की परिभाषा वही होनी चाहिए जो आपके मूल्यबोध, रुचियों और आकांक्षाओं से मेल खाए—तभी वह आपको कार्य में संतोष और उद्देश्य दे पाएगी।

३. आनंद का महत्व

आनंद अपने आप में एक अद्वितीय अनुभूति है। यह कभी केवल धन कमाने की बात नहीं होती—कभी नहीं। सच्ची समृद्धि का मार्ग तब बनता है जब हम अगली पीढ़ी को धन, परिवार और समाज के प्रति जिम्मेदारी के भाव सिखाते हैं। हर व्यक्ति को धन संबंधी कुछ मूलभूत कौशल आने चाहिए—जैसे बजट बनाना, बचत करना, निवेश की समझ रखना और दैनिक खर्चों का विवेकपूर्ण संचालन करना। अपने वित्तीय लक्ष्यों—जैसे रिटायरमेंट के लिए बचत, घर खरीदना, व्यवसाय शुरू करना या बच्चों की पढ़ाई के लिए पूंजी जुटाना—इन सबके लिए एक ठोस योजना बनाना दीर्घकालिक समृद्धि की कुंजी है। एक अच्छा जीवन वही है जो अपनी सीमाओं में जिया जाए। यदि आपकी खरीददारी में विवेक है, यदि आप अनावश्यक कर्जों से दूर रहते हैं—तो न केवल आर्थिक स्थिरता प्राप्त होती है, बल्कि मानसिक तनाव भी कम होता है।

अपने धन को उन संपत्तियों में निवेश करना जो समय के साथ मूल्यवान बनें—जैसे कि शेयर, अचल संपत्ति, या छोटे व्यवसाय—यह दीर्घकालिक धन-सृजन और भावी पीढ़ियों के लिए आर्थिक सुरक्षा की दिशा में विवेकपूर्ण कदम है। स्वाभाविक विकास का अर्थ केवल स्वयं को समृद्ध करना नहीं, बल्कि अपने संसाधनों का कुछ अंश दूसरों की सहायता में लगाना भी है—दानी बनकर, जनहित के कार्यों में सहभागी बनकर, या अपने परिवार-जनों और मित्रों की सहायता कर। वास्तविक समृद्धि का अर्थ केवल अमीर बनना नहीं होता—बल्कि यह भी होता है कि हम अपने जीवन और दूसरों के जीवन को सार्थक और संतोषपूर्ण बना सकें। यह आपको अपने सपनों की ओर बढ़ने की आज़ादी देता है, जीवन का आनंद लेने की छूट देता है, और दुनिया को सुंदर बनाने में योगदान देता है।

अब समय है कि हम एडम स्मिथ के उन आठ बुनियादी विचारों को संक्षेप में प्रस्तुत करें, जिनसे यह पुस्तक उर्जित हुई। हमारे अध्ययन, चिंतन और जीवनानुभव से निकली ये आठ अंतर्दृष्टियाँ हैं—मानवता की एकता, व्यक्ति और समाज के बीच सहजीवन, मानवीय पूंजी, मितव्ययिता का गुण, कर्म की प्रधानता, आदर्श प्रस्तुत करने की शक्ति, अनंतता की पृष्ठभूमि, और मनुष्यों को प्राथमिकता देना।

एडम स्मिथ में हमें एक ऐसा विचारक मिला, जिसने भारतीय विचार लोकसंग्रह की प्रतिध्वनि की— जनहित की भावना से कर्म करना, मानव कल्याण के लिए स्वयं को समर्पित करना, सामाजिक समरसता को बढ़ावा देना और शांतिपूर्ण समाज की रचना करना—यही लोकसंग्रह का भाव है।[१] यह विचार एक मंडल की तरह है, जो एक छोर से आरंभ होकर फिर उसी बिंदु पर लौटता है—परिपूर्ण चक्र की भांति। समाज ऐसे लोगों से बनता है जो सहयोगी होते हैं, जो साझा करते हैं, जो दूसरों को प्राथमिकता देते हैं, जो अपने जीवन से उदाहरण प्रस्तुत करते हैं, जो सनातन सत्य को याद रखते हैं, और स्वयं को

१ लोकसंग्रहमेवापि सम्पश्यन्कर्तुमर्हसि (श्रीमद्भगवद्गीता ३. २०)

एक महान श्रृंखला की एक छोटी सी कड़ी मानते हैं। यही है मानवता की एकता का अर्थ।

४. एडम स्मिथ के विचारों का सार

व्यवसाय मानव प्रगति में एक अत्यंत महत्त्वपूर्ण भूमिका निभाता है। नवाचार, आर्थिक वृद्धि और व्यक्तियों एवं राष्ट्रों के आगे बढ़ने के अवसर—इन सबका आधार व्यापार ही है। व्यवसाय के माध्यम से वस्तुओं, सेवाओं और विचारों का आदान-प्रदान होता है। यह प्रतिस्पर्धा और सहयोग दोनों को प्रोत्साहित करता है, जिससे अंततः बेहतर तकनीक, मजबूत अवसंरचना, और जीवन की गुणवत्ता में सुधार आता है।साथ ही, आज के दौर में कंपनियाँ समाज को रूपांतरित करने का माध्यम बन चुकी हैं—चाहे वह गरीबी, असमानता जैसी समस्याएँ हों या पर्यावरण की रक्षा। इसलिए यह कहना अनुचित न होगा कि व्यवसाय की गति ही प्रगति की धारा है।

> “जो कोई भी किसी अन्य को कोई सौदा देता है, वह वास्तव में यह प्रस्ताव रखता है — मुझे वह दो जो मैं चाहता हूँ, और मैं तुम्हें वह दूँगा जो तुम चाहते हो। यही प्रत्येक व्यापारिक प्रस्ताव का अंतर्निहित भाव है। और इसी प्रक्रिया से हम एक-दूसरे से वे अनेक सेवाएं प्राप्त करते हैं जिनकी हमें आवश्यकता होती है।” (वेल्थ ऑफ नेशन्स I. १. २)

मनुष्य एक सामाजिक प्राणी था, है और रहेगा। व्यक्ति के व्यक्तित्व के निर्माण में समाज की भूमिका अत्यंत गहरी होती है। जन्म से लेकर जीवन के अंतिम पड़ाव तक, हम सामाजिक संरचनाओं, नियमों और संस्थानों से घिरे रहते हैं। यही परिवेश हमारे दृष्टिकोण, व्यवहार और पहचान को आकार देता है। परिवार, विद्यालय, धर्म, मीडिया और समाज—ये सब मिलकर हमारे मूल्यों, दृष्टिकोणों और जीवनदृष्टि को रचते हैं। इन्हीं के माध्यम से हम सामाजिक संबंध बनाना, समाज में स्थान पाना, और सामाजिक अपेक्षाओं को समझना सीखते हैं। ये प्रभाव हमारे जीवन के हर क्षेत्र को प्रभावित करते हैं—चाहे वह करियर

हो, राजनीति हो, या संबंध। समाज ही वह भूमि है जहाँ व्यक्ति समूहबद्धता और साझा पहचान का अनुभव करता है। जिन लोगों से हम मिलते हैं, जिन अनुभवों को हम साझा करते हैं—वे ही हमारी आत्म-छवि और सामाजिक स्थिति की परिभाषा बनाते हैं। यह समाज हमारे लिए एक दर्पण भी है और एक साँचा भी—जो हमें हमारी छवि दिखाता है और हमारे व्यवहार को गढ़ता है।

> "विभिन्न पुरुषों में प्राकृतिक प्रतिभा का अंतर जितना हम समझते हैं, वास्तव में उससे कहीं कम होता है। जो विभिन्न प्रतिभाएँ हमें विभिन्न व्यवसायों के लोगों में परिपक्व होने पर दिखती हैं, वे अधिकतर कारण नहीं, बल्कि परिणाम होती हैं—जो श्रम के विभाजन के कारण उत्पन्न होती हैं। दार्शनिक और सड़क पर बोझ उठाने वाले साधारण कुली के मध्य जो अंतर है, वह प्रकृति की देन नहीं, बल्कि अभ्यास, परंपरा और शिक्षा का परिणाम है।"
> (वेल्थ ऑफ नेशन्स I. १. ४)

५. मानव पूंजी का मूल्य

इस संसार की सबसे श्रेष्ठ संपदा मनुष्य स्वयं है। मनुष्य का ज्ञान, कौशल, क्षमता और उसके अन्य गुण, उसके भीतर विद्यमान मानव पूंजी हैं। यह संसार की सबसे महत्वपूर्ण पूंजी है। मानव पूंजी ही नवाचार और प्रगति की आधारशिला है। शिक्षा, प्रशिक्षण और अनुभव के माध्यम से मनुष्य नई कल्पनाएं करता है, उपकरण बनाता है और समस्याओं के समाधान ढूंढ़ता है। यही वह शक्ति है जो विकास और आर्थिक समृद्धि को गति देती है। मनुष्य नवीन परिस्थितियों में स्वयं को ढालने की अद्वितीय क्षमता रखता है। एक निरंतर परिवर्तित होती दुनिया में मानव पूंजी की भूमिका इसलिए और भी महत्वपूर्ण हो जाती है, क्योंकि वही समाजों को समस्याओं से जूझने और अवसरों का लाभ उठाने के योग्य बनाती है।

जिन व्यक्तियों के पास अधिक शिक्षा, कौशल और समझ होती है, वे अधिक दक्ष होते हैं, जिससे सम्पूर्ण अर्थव्यवस्था की उत्पादकता और प्रभावशीलता में वृद्धि होती है। लोगों में निवेश करने से जीवन स्तर और उत्पादन

में दीर्घकालिक लाभ प्राप्त होते हैं। मानव पूंजी सामाजिक और सांस्कृतिक प्रगति को भी गति देती है, क्योंकि यह व्यक्तियों और समुदायों के बीच समझ, संवेदना और सहयोग की भावना को उत्पन्न करती है। शिक्षा और अनुभवों की साझेदारी लोगों को जोड़ती है और समाज को आगे बढ़ाती है। मानव पूंजी लोगों को संकट के समय में सशक्त बनाती है। जो व्यक्ति शिक्षित और कुशल होते हैं, वे आर्थिक मंदी, प्राकृतिक आपदाओं या स्वास्थ्य संकट जैसी परिस्थितियों का अधिक सजगता और धैर्य से सामना कर पाते हैं।

सतत विकास के लिए आवश्यक है कि हम मानव पूंजी में निवेश करें। लोगों को वह ज्ञान और कौशल प्रदान करना, जिससे वे पर्यावरणीय, सामाजिक और आर्थिक समस्याओं का सामना कर सकें—यह किसी भी राष्ट्र को न्यायपूर्ण, समावेशी और पर्यावरण-सम्मत विकास की ओर ले जाता है। प्राकृतिक संसाधन और वित्तीय पूंजी निःसंदेह महत्वपूर्ण हैं, परंतु प्रगति, नवाचार और उत्पादकता की वास्तविक क्षमता मानव पूंजी से ही उपजती है। यही कारण है कि मानव पूंजी को संसार की सबसे मूल्यवान संपत्ति कहा गया है।

> "एक व्यक्ति अनेक निर्माणकर्ताओं को नियोजित कर संपन्न होता है; परन्तु यदि वह अनेक घरेलू सेवकों को पालता है, तो वह दरिद्र हो जाता है... सेवकों की सेवाएं उसी क्षण नष्ट हो जाती हैं, जब वे दी जाती हैं, और उनके पीछे कोई ऐसा मूल्य या चिह्न नहीं छूटता जिससे भविष्य में वैसी ही सेवा पुनः प्राप्त की जा सके।" (वेल्थ ऑफ नेशन्स II. ३. १)

६. कार्यात्मक आत्मनिर्भरता

मितव्ययिता एक महान गुण है। यह व्यक्ति को आर्थिक रूप से स्थिर बनाए रखती है, क्योंकि यह उसे खर्च, बचत और निवेश में विवेकशील बनाती है। जब मनुष्य अपनी आवश्यकताओं को प्राथमिकता देता है और अपनी सामर्थ्य के भीतर जीवन व्यतीत करता है, तो वह अनावश्यक ऋण से बच पाता है और आर्थिक रूप से सुरक्षित अनुभव करता है। मितव्ययिता आत्म-नियंत्रण और अनुशासन की माँग करती है। जब व्यक्ति आवश्यक और अनावश्यक खर्चों

के बीच भेद कर पाता है, तो उसमें संयम और विलंबित संतुष्टि जैसी आदतें विकसित होती हैं, जो व्यक्तिगत और व्यावसायिक जीवन दोनों में सहायक होती हैं।

अक्सर मितव्ययिता व्यक्ति को सरलता और न्यूनतावाद के प्रति आकर्षित करती है। जब व्यक्ति केवल मूलभूत आवश्यकताओं पर ध्यान देता है और अनावश्यक वस्तुओं को त्याग देता है, तो वह कम साधनों में अधिक संतोष प्राप्त करता है। मितव्ययिता जीवन में स्वतंत्रता और विकल्पों की वृद्धि करती है। जब कोई व्यक्ति अपने खर्च और ऋण को सीमित करता है, तो वह अधिक अवसरों को आज़माने, जोखिम उठाने और कुछ नया आरंभ करने का साहस कर पाता है। मितव्ययिता सहयोग की भावना को भी बढ़ावा देती है—लोग संसाधन साझा करते हैं, एक-दूसरे की सहायता करते हैं और सामूहिक लक्ष्यों को प्राप्त करते हैं।

मितव्ययिता कठिन समय में व्यक्ति को अधिक सक्षम बनाती है। जो व्यक्ति बचत करता है और आत्मनिर्भरता के व्यावहारिक कौशल सीखता है, वह आर्थिक संकट, नौकरी छूटने या अचानक उत्पन्न होने वाली आपात स्थितियों का बेहतर सामना करता है। परंतु सबसे महत्वपूर्ण यह है कि मितव्ययिता केवल पैसे से संबंधित नहीं है—यह एक जीवन-दृष्टि है, जिसमें संसाधनों का संरक्षण, अनुशासन, सादगी, स्वतंत्रता, समुदाय से जुड़ाव और मानसिक शक्ति शामिल है। जब व्यक्ति व्यक्तिगत और सामाजिक जीवन में मितव्ययिता अपनाता है, तो वह एक अधिक संतुलित, टिकाऊ और संतोषजनक जीवन की ओर बढ़ता है।

> "जैसे-जैसे मितव्ययिता बढ़ती है और अपव्यय घटता है, सार्वजनिक पूंजी में वृद्धि होती है; और जो लोग अपनी आय के बराबर ही खर्च करते हैं—न उसमें वृद्धि करते हैं, न उसमें अतिक्रमण—वे न तो सार्वजनिक पूंजी बढ़ाते हैं, न ही घटाते हैं। फिर भी कुछ खर्च की विधियाँ सार्वजनिक समृद्धि की वृद्धि में अन्य विधियों की तुलना में अधिक सहायक प्रतीत होती हैं।"
> (वेल्थ ऑफ नेशन्स II. ३. ३५)

प्राथमिकताओं का निर्धारण आत्मनिर्भरता का महत्वपूर्ण भाग है। जो लोग सदैव व्यस्त रहते हैं, वे अक्सर जरूरी और तत्काल कार्यों को नज़रअंदाज़ कर देते हैं। अच्छा परिणाम प्राप्त करने के लिए आवश्यक है कि व्यक्ति अनुशासन और एकाग्रता से कार्य करे। यह आपको अपने समय, ऊर्जा और संसाधनों को उन्हीं कार्यों और लक्ष्यों पर केंद्रित करने में सक्षम बनाता है जो वास्तव में महत्वपूर्ण हैं। जब आप अपने प्रयासों को महत्वपूर्ण बिंदुओं पर केंद्रित करते हैं, तो सफलता और समृद्धि की संभावनाएं बढ़ जाती हैं। प्राथमिकता निर्धारण संसाधनों के कुशल उपयोग में सहायक होता है और उत्पादकता को बढ़ाता है। जब व्यक्ति उच्च प्रभाव वाले कार्यों की पहचान करता है और उन्हें प्राथमिकता देता है, तो समय की बर्बादी कम होती है।

प्राथमिकता निर्धारण रणनीतिक योजना का भी अभिन्न अंग है। जब आप अपने लक्ष्य और उद्देश्य स्पष्ट रूप से देखते हैं, तो यह तय करना आसान हो जाता है कि कौन से कदम आपकी दीर्घकालिक सफलता को सर्वाधिक प्रभावित करेंगे—और फिर आप उन्हीं पर अपना ध्यान केंद्रित कर सकते हैं। यह जोखिम प्रबंधन में भी सहायक है। आप अपने संसाधनों को इस प्रकार नियोजित कर सकते हैं कि संभावित जोखिमों को घटाया जा सके और अवसरों का समुचित लाभ उठाया जा सके। प्राथमिकता निर्धारण आपको परिस्थितियों के अनुसार योजनाएं और रणनीतियाँ बदलने की सुविधा भी देता है। जब आप अपने लक्ष्यों का नियमित पुनर्मूल्यांकन करते हैं और अपनी ऊर्जा को पुनः केंद्रित करते हैं, तो आप न केवल समस्याओं से निपट सकते हैं, बल्कि नूतन अवसरों का भी लाभ उठा सकते हैं।

प्राथमिकता निर्धारण आपको जीवन और कार्य के बीच संतुलन बनाने में भी सहायता करता है। जब आप लघु और दीर्घकालिक लक्ष्य तय करते हैं, और व्यक्तिगत व व्यावसायिक उद्देश्यों को साथ लेकर चलते हैं, तो आप जीवन के प्रत्येक क्षेत्र में सफलता प्राप्त कर सकते हैं—बिना किसी एक को त्यागे। यह एक ऐसा कौशल है जो व्यक्ति, परिवार, समुदाय, कार्यक्षेत्र, समाज और राष्ट्र—हर स्तर पर उपयोगी है। भोजन और स्वास्थ्य अत्यंत आवश्यक हैं, और जो व्यक्ति इनकी उपेक्षा करते हैं, वे निस्संदेह उसका मूल्य चुकाते हैं।

"प्रकृति की स्वाभाविक गति के अनुसार, प्रत्येक विकसित होते समाज की अधिकांश पूंजी पहले कृषि की ओर, फिर निर्माण क्षेत्र की ओर, और अंत में विदेशी वाणिज्य की ओर निर्देशित होती है। यह क्रम इतना स्वाभाविक है कि जिन भी समाजों के पास भूमि रही है, उन्होंने इसे किसी न किसी रूप में अवश्य अपनाया है।" (वेल्थ ऑफ नेशन्स III. १. ८)

७. अनुकरण का आलोक

जिन व्यवहारों, मूल्यों और सिद्धांतों को आप दूसरों में देखना चाहते हैं, उन्हें पहले अपने आचरण में लाना चाहिए। यह नेतृत्व का सबसे सशक्त और प्रभावी मार्ग है। न जाने क्यों, परंतु एक आदर्श उदाहरण बनना सदैव एक श्रेष्ठ विचार रहा है। जब कोई नेतृत्वकर्ता अपने जीवन में वही करता है जो वह दूसरों से अपेक्षित मानता है, तो उसके अनुयायियों में उसके प्रति विश्वास और श्रद्धा स्वयं ही जाग उठती है। अपने वचनों को कर्म के रूप में जीकर और ईमानदार बने रहकर, एक नेतृत्वकर्ता अपनी टीम के बीच सम्मान और प्रशंसा अर्जित करता है।

यदि आप उदाहरण बनकर नेतृत्व करते हैं, तो लोग अवश्य ही आपके पदचिह्नों का अनुसरण करेंगे। जब लोग यह देखते हैं कि उनके नेतृत्वकर्ता उन्हीं आदर्शों के अनुसार व्यवहार कर रहे हैं, जिनकी वे शिक्षा देते हैं, तो वे भी स्वेच्छा से उसी मार्ग पर चलने को प्रेरित होते हैं। इससे यह सुनिश्चित होता है कि नेतृत्वकर्ता के कार्य संस्थान के मूल्यों और लक्ष्यों के अनुरूप हों। जो नेतृत्वकर्ता निरंतर वांछित व्यवहार को प्रदर्शित करते हैं और समान लक्ष्यों की ओर अग्रसर रहते हैं, वे संस्था की दूरदृष्टि और उद्देश्य को सुदृढ़ करते हैं, जिससे पूरी टीम के भीतर सहयोग और एकता की भावना पनपती है।

जो नेतृत्वकर्ता उच्च मानदंड स्थापित करते हैं, वे अपने प्रत्येक निर्णय और कार्य के प्रति उत्तरदायी रहते हैं। उत्तरदायित्व और जवाबदेही के भाव से वे दूसरों के लिए एक उदाहरण प्रस्तुत करते हैं। इससे अन्य लोग भी अपने कार्य के प्रति उत्तरदायित्व स्वीकार करना सीखते हैं। एक आदर्श नेतृत्वकर्ता टीम के सदस्यों के व्यक्तिगत और व्यावसायिक विकास में सहायक होता है। जब नेतृत्वकर्ता स्वयं सीखने, विकसित होने और निरंतर श्रेष्ठ बनने के लिए प्रतिबद्ध रहते हैं,

तो वे दूसरों को भी उसी दिशा में प्रेरित करते हैं। इससे संस्था के भीतर एक अध्ययनशील और विकासशील संस्कृति का निर्माण होता है।[२]

सबसे महत्वपूर्ण यह है कि जो नेतृत्वकर्ता नैतिकता और सद्गुणों से युक्त जीवन जीते हैं, वे सम्पूर्ण समाज को एक सकारात्मक दिशा देते हैं। जब वे सम्मान, सहानुभूति और स्वीकार्यता जैसे गुणों का व्यवहार करते हैं, तो वे कार्यस्थल को एक सुरक्षित और संवेदनशील वातावरण बनाते हैं—जहाँ हर व्यक्ति को मूल्यवान, प्रेरित और सम्मिलित अनुभव होता है। नेतृत्वकर्ता आदर्श का प्रतिनिधित्व करते हैं, और उनका आचरण उनके अनुयायियों पर गहरा प्रभाव डालता है। इसीलिए नेतृत्वकर्ताओं के लिए यह आवश्यक है कि वे ईमानदारी, नीतिशीलता, सहानुभूति और न्यायप्रियता जैसे गुणों को स्वयं जीएँ, ताकि वे अपने अनुयायियों में विश्वास और निष्ठा का संचार कर सकें। जो नेतृत्वकर्ता सही मूल्य और आचरण प्रदर्शित करते हैं, वे अपनी टीम को सफलता और समृद्धि की दिशा में सज्ज करते हैं।

> "यदि स्वामी सतर्क और मितव्ययी हो, तो नौकर के भीतर भी वही प्रवृत्ति उत्पन्न होती है; किंतु यदि स्वामी उच्छृंखल और अस्त-व्यस्त जीवन जीता हो, तो वह नौकर, जो अपने काम की रीति अपने स्वामी से सीखता है, अपने जीवन की रीति भी उसी से सीख लेता है।" (वेल्थ ऑफ नेशन्स IV. ७. ६०)

भारतीय चिंतन में अमर आत्मा के अस्थायी जीवन की अवधारणा नैतिकता और मूल्यों की स्थायित्वशीलता का एक जीवंत दृष्टांत है। इसे इस प्रकार समझा जा सकता है—नैतिक मूल्य वे नियम हैं जो हमें बताते हैं कि क्या उचित है और कैसे आचरण करना चाहिए। 'सनातन' शब्द इस बात की ओर संकेत करता है कि नैतिक सिद्धांत समयातीत हैं और वे किसी भी मत, समाज या काल की सीमा से परे, सभी के लिए समान रूप से लागू होते हैं। कुछ ऐसे नैतिक सिद्धांत हैं जो सदा

---

२ स यत्प्रमाणं कुरुते लोकस्तदनुवर्तते (श्रीमद् भगवद् गीता ३. २१)

प्रासंगिक रहते हैं—जैसे सत्यनिष्ठा, नीतिशीलता, करुणा, न्याय और दूसरों के प्रति सम्मान। मनुष्य का जीवन क्षणिक होता है। जन्म, विकास और मृत्यु—ये सब मिलकर जीवन की क्षणभंगुरता को दर्शाते हैं। परंतु इस ब्रह्मांडीय व्यवस्था में, जहाँ मानव जीवन सीमित है, नैतिक सिद्धांत पूर्ण जीवनकाल तक टिके रहते हैं।

यह आवश्यक है कि हम इस भेद को स्पष्ट रूप से समझें—कि जीवन क्षणिक है, पर नैतिक आदर्श शाश्वत हैं। व्यक्ति आते हैं और चले जाते हैं, परंतु नैतिक आदर्श स्थायी रहते हैं और सम्पूर्ण मानवता की यात्रा के लिए दिशा-सूचक बनते हैं। यह विचार इस तथ्य को सुदृढ़ करता है कि जीवन चाहे जितना भी छोटा हो, यदि हम नैतिकता के साथ जीवन जीते हैं और उन सनातन सत्यों को थामे रहते हैं, तो हम एक न्यायपूर्ण, संवेदनशील और शांतिपूर्ण समाज का निर्माण कर सकते हैं। यह जीवन के उस पथ की ओर संकेत करता है, जिसमें नैतिक मूल्यों को व्यक्ति की जीवन-सीमा से परे रखकर, पीढ़ियों के कल्याण हेतु प्राथमिकता दी जानी चाहिए।

> "एक कहावत है — जो जैसे आया, वैसे ही गया, और खर्च करने की सामान्य प्रवृत्ति प्रायः इस बात से नियंत्रित होती है कि पैसे खर्च करने की वास्तविक क्षमता कितनी है, नहीं; बल्कि इस भ्रांति से कि धन प्राप्त करना कितना आसान है।" (वेल्थ ऑफ नेशन्स IV. ७. ६०)

८. निष्कर्ष – सर्वहिते स्वहितं निहितम्

एडम स्मिथ का श्रमिक वर्ग के लोगों से उनका गहरा लगाव था। उनकी सबसे महत्वपूर्ण कृतियाँ यह दर्शाती हैं कि वे मनुष्यता को कितना मूल्य देते थे। अपनी पुस्तक "थ्योरी ऑफ मॉरल सेंटिमेंट्स"" में स्मिथ ने मानवीय व्यवहार के नैतिक और चारित्रिक आधारों का विश्लेषण किया। उन्होंने बताया कि कैसे मनुष्य अपनी सहज नैतिक प्रवृत्तियों — जैसे सहानुभूति और करुणा — के आधार पर नैतिक निर्णय लेते हैं और दूसरों से जुड़ते हैं। स्मिथ के इन विचारों ने उनकी आगे की आर्थिक अवधारणाओं के लिए एक गहरी बुनियाद तैयार की।

अपनी दूसरी प्रसिद्ध कृति "द वेल्थ ऑफ नेशन्स" में स्मिथ ने कार्य विभाजन और विशेषीकरण के माध्यम से अर्थव्यवस्था के विकास और व्यक्ति की समृद्धि की संभावनाओं को विस्तार से समझाया। लेकिन उन्होंने इस बात पर भी प्रकाश डाला कि अत्यधिक विशेषीकरण का दुष्प्रभाव भी होता है — इससे कुछ वर्गों में स्वास्थ्य गिरता है और उनकी बहुआयामी क्षमता सीमित हो जाती है। स्मिथ ने इस बात पर ज़ोर दिया कि जब भी कोई आर्थिक प्रणाली रची जाए, उसमें श्रमिकों के हित और कल्याण को मूल में रखा जाना चाहिए।

स्मिथ मुक्त बाजार और न्यूनतम सरकारी हस्तक्षेप के पक्षधर थे, लेकिन वे यह भी भली-भांति समझते थे कि कुछ क्षेत्र ऐसे हैं जहाँ श्रमिकों और उपभोक्ताओं की रक्षा के लिए व्यवस्था आवश्यक है। उनका मानना था कि आर्थिक प्रक्रियाओं का उद्देश्य केवल व्यक्तिगत लाभ को अधिकतम करना नहीं होना चाहिए, बल्कि उन्हें समाज के सामूहिक कल्याण के लिए भी कार्य करना चाहिए।

> "उपभोग ही समस्त उत्पादन का अंतिम उद्देश्य और सार है; और उत्पादक के हित का ध्यान केवल उतनी सीमा तक ही रखा जाना चाहिए, जितना कि उपभोक्ता के हित को बढ़ावा देने के लिए आवश्यक हो। यह सूत्र इतना स्पष्ट और स्व-सिद्ध है कि इसे सिद्ध करने का प्रयास ही मूर्खता होगी। किन्तु वाणिज्यिक व्यवस्था में, उपभोक्ता के हित को प्रायः उत्पादक के हित की बलि चढ़ा दी जाती है, और ऐसा प्रतीत होता है कि इस प्रणाली में उत्पादन, न कि उपभोग, उद्योग और व्यापार का अंतिम लक्ष्य बन जाता है।" (वेल्थ ऑफ नेशन्स IV. ८, ४८–४९)

एडम स्मिथ की रचनाएँ इस बात पर विशेष बल देती हैं कि आर्थिक सिद्धांत और नीति निर्माण में मनुष्य के मूल्यों और कल्याण को केंद्र में रखा जाना चाहिए। हालाँकि वे व्यक्तिगत स्वतंत्रता और मुक्त बाजार के समर्थक थे, पर उन्होंने यह भी स्वीकार किया कि नैतिकता और सामाजिक उत्तरदायित्व को आर्थिक निर्णयों में अनिवार्य रूप से समाहित करना चाहिए। उनके विचारों ने

आधुनिक अर्थशास्त्र की नींव रखी और आज भी यह चर्चा चलती रहती है कि आर्थिक विकास और मानवीय कल्याण के बीच किस प्रकार संतुलन स्थापित किया जाए। स्मिथ ने राष्ट्रों के बीच व्यापार और तुलनात्मक लाभ की अवधारणा को भी प्रतिपादित किया, जो वैश्वीकरण के इस युग में अत्यंत प्रासंगिक है। आत्मनिर्भर भारत की अवधारणा भी इसी सिद्धांत पर आधारित है — कि प्रत्येक देश को वही वस्तुएँ और सेवाएँ निर्माण करनी चाहिए, जिसमें वह दूसरों की तुलना में अधिक दक्ष और सक्षम है।

भारत को आज विश्वगुरु के रूप में देखा जा रहा है — एक ऐसा राष्ट्र जो न केवल अध्यात्म, बल्कि विज्ञान, प्रौद्योगिकी, चिकित्सा और दर्शन के क्षेत्रों में भी समस्त विश्व का नेतृत्व, मार्गदर्शन और शिक्षण कर सकता है। इतिहास में भारत ने गणित, खगोलशास्त्र, आयुर्विज्ञान और साहित्य जैसे अनेक क्षेत्रों में गहरा योगदान दिया है, जिसने सम्पूर्ण मानव सभ्यता की प्रगति को दिशा दी है। भारत ने सदैव गुरु और मार्गदर्शक दोनों की भूमिका निभाई है। स्मिथ की आर्थिक चिंतन में नैतिकता और सामाजिक संवेदना की जो गहराई है —वह हमें सावधानी, न्यायप्रियता और करुणा का स्मरण कराती है,जो भारतीय समाज की गहराई में रची-बसी चिंतनधारा का अभिन्न अंग है। इस पुस्तक के पाठक उन विचारों से परिचित होंगे जिनकी जड़ें अर्थशास्त्र के दीर्घ इतिहास में समाहित हैं, और जो आज भी विचार, नीति और संवाद की दिशा तय कर रहे हैं।

उपसंहार

भारत में एडम स्मिथ

आधुनिक भारत की अर्थव्यवस्था को कैसे परिभाषित किया जाए? तीन दशकों से अधिक समय तक यह पूंजी की कमी, नौकरशाही नीतियों की जकड़न और वैश्विक अर्थव्यवस्था से अलग-थलग बनी रही। हालांकि, १९९० के दशक के आर्थिक सुधारों के बाद भारत ने तीव्र गति से विकास किया। निजी क्षेत्र ने राष्ट्र को गौरवान्वित किया है, और सार्वजनिक उद्योग, धन सृजन के इंजन में बदल गया है। जब हम एडम स्मिथ के कुछ विशिष्ट अंश पढ़ते हैं, तो ऐसा प्रतीत होता है जैसे वे भारत के बारे में ही लिख रहे हैं। इससे बेहतर शाश्वत बुद्धिमत्ता का उदाहरण और क्या हो सकता है?

यहाँ, हमने चार उद्धरण चुने हैं जो यह दर्शाते हैं कि एडम स्मिथ ने कैसे भविष्यवाणी की थी कि गैर-यूरोपीय राष्ट्र यूरोपीय वैज्ञानिक खोजों का लाभ उठाकर प्रगति करेंगे। आज, माइक्रोसॉफ्ट, गूगल, आईबीएम और एडोबी जैसी कई वैश्विक प्रौद्योगिकी कंपनियों का नेतृत्व भारतीयों द्वारा किया जा रहा है, यह कोई संयोग नहीं है।

> जब ये खोजें की गईं, उस समय शक्ति की श्रेष्ठता यूरोपियों के पक्ष में इतनी अधिक थी कि वे उन दूरस्थ देशों में हर प्रकार की अन्यायपूर्ण गतिविधियाँ बिना किसी दंड के कर सकते थे। हो सकता है कि भविष्य में उन देशों के मूल निवासी अधिक शक्तिशाली बन जाएँ, या यूरोप के लोग कमजोर पड़ जाएँ, और दुनिया के सभी क्षेत्रों के निवासी साहस और शक्ति में समानता प्राप्त कर लें। यही समानता आपसी भय को प्रेरित कर सकती है और स्वतंत्र

राष्ट्रों को एक-दूसरे के अधिकारों के प्रति सम्मान रखने के लिए बाध्य कर सकती है। (डब्ल्यूएन IV. ७. III. ७८)

पिछले कुछ दशकों में कंप्यूटर उद्योग में भारतीयों का उत्थान उल्लेखनीय रहा है। भारत ने असंख्य प्रतिभाशाली सॉफ़्टवेयर इंजीनियरों, कंप्यूटर वैज्ञानिकों और तकनीकी उद्यमियों को जन्म दिया है, जिन्होंने इस क्षेत्र में महत्वपूर्ण योगदान दिया है। कई भारतीय पेशेवरों ने विश्वभर की तकनीकी कंपनियों में उत्कृष्ट प्रदर्शन किया है और उद्योग में नवाचार एवं वृद्धि को आगे बढ़ाने में महत्वपूर्ण भूमिका निभाई है। कंप्यूटर उद्योग में भारतीयों की सफलता का श्रेय कुछ प्रमुख कारकों को दिया जा सकता है, जैसे—शिक्षा पर मजबूत ध्यान केंद्रित करना, परिश्रम और दृढ़ संकल्प की संस्कृति, और ऐसा विकसित होता पारिस्थितिकी तंत्र जो उद्यमशीलता एवं नवाचार का समर्थन करता है।

एडम स्मिथ का अर्थव्यवस्था के उद्देश्य पर प्रभाव अत्यंत गहरा है। उन्होंने सबसे पहले यह स्पष्ट किया कि अर्थव्यवस्था का मुख्य कार्य सभी के लिए सुविधाएं और सेवाएँ उत्पन्न करना है। यह स्थायी सिद्धांत आज भी आर्थिक विचारों और नीतियों को दिशा प्रदान करता है। स्मिथ ने अर्थव्यवस्था में राज्य की सीमित भूमिका पर बल दिया, जहाँ सरकार के हस्तक्षेप के बिना बाज़ार अधिक कुशलता से कार्य करता है। डेविड रिकार्डो द्वारा और अधिक परिष्कृत किए जाने के बाद इसे 'शास्त्रीय अर्थशास्त्र' (क्लासिकल इकॉनॉमिक्स) कहा गया। यदि पीछे मुड़कर देखा जाए, तो एडम स्मिथ पूँजीवादी से अधिक समाजवादी प्रतीत होते हैं, क्योंकि उन्होंने सार्वजनिक हित और राष्ट्र की समृद्धि की अवधारणा को सबसे पहले प्रस्तुत किया।

राजनीतिक अर्थशास्त्र, जब इसे किसी राजनेता या विधायक की विज्ञान की एक शाखा के रूप में देखा जाता है, तो यह दो मुख्य उद्देश्यों को प्रस्तुत करता है। पहला, जनता के लिए पर्याप्त आय या निर्वाह के साधन उपलब्ध कराना, या अधिक सही रूप से, उन्हें स्वयं के लिए ऐसी आय या निर्वाह के साधन जुटाने में सक्षम बनाना। दूसरा, राज्य या राष्ट्र को सार्वजनिक

सेवाओं के लिए पर्याप्त राजस्व प्रदान करना। इसका उद्देश्य न केवल जनता को समृद्ध बनाना है, बल्कि शासक (सार्वजनिक सत्ता) की समृद्धि को भी सुनिश्चित करना है। (डब्ल्यूएन IV. १. १)

यहीं से अर्थशास्त्र की दो धाराएँ अलग हो गईं। जॉन मेनार्ड कीन्स ने अर्थव्यवस्था के प्रबंधन में राज्य की अधिक सक्रिय भूमिका का समर्थन किया। कीन्सियन विचारधारा मानती है कि सरकार की हस्तक्षेप नीति, जैसे कि राजकोषीय नीति (सरकारी खर्च और कराधान) और मौद्रिक नीति (केंद्रीय बैंक की कार्रवाइयाँ), मंदी या मुद्रास्फीति के दौरान अर्थव्यवस्था को स्थिर करने में सहायता कर सकती हैं। दूसरी ओर, नवशास्त्रीय अर्थशास्त्र के समर्थक अर्थव्यवस्था में न्यूनतम सरकारी हस्तक्षेप की वकालत करते हैं और बाज़ार की दक्षता पर ध्यान केंद्रित करते हैं। उनका विश्वास है कि आपूर्ति और मांग की अदृश्य शक्ति से संचालित स्वतंत्र बाज़ार सर्वोत्तम परिणाम और आर्थिक वृद्धि की ओर ले जाता है। अर्थव्यवस्था में पूँजी प्रवाहके परिणाम जब एक समृद्ध राष्ट्रके रूप में प्रत्यक्ष होने लगे, तभी भारतीयों ने बाज़ारों पर विश्वास करना शुरू किया।

स्वर्णिम चतुर्भुज परियोजनाने परिवहन दक्षता और प्रमुख आर्थिक केंद्रों के बीच कनेक्टिविटी में महत्वपूर्ण सुधार किया,जो दिल्ली, मुंबई, चेन्नई और कोलकाता जैसे प्रमुख महानगरों को जोड़ने वाले चार-लेन राजमार्गों का एक नेटवर्क है।इसके अतिरिक्त, उत्तर-दक्षिण और पूर्व-पश्चिम कॉरिडोरों का विकास देश के विभिन्न क्षेत्रों के बीच संपर्क को और मजबूत करता है। २०१७ में शुरू की गई भारतमाला परियोजना का उद्देश्य आर्थिक कॉरिडोरों, सीमावर्ती क्षेत्रों, तटीय क्षेत्रों और पिछड़े क्षेत्रों को व्याप्त करने वाला एक व्यापक राजमार्ग नेटवर्क बनाना है। इसका प्रमुख ध्यान माल ढुलाई की गति में सुधार लाना और यात्रा के समय को कम करना है। राष्ट्रीय राजमार्ग विकास परियोजना (एनएचडीपी) स्मिथियन अर्थशास्त्र का एक उत्कृष्ट उदाहरण है, जहाँ राज्य आर्थिक प्रगति, क्षेत्रीय एकीकरण और जनसंख्या के जीवन स्तर में सुधार में योगदान देता है। रेलवे में समर्पित माल ढुलाई कॉरिडोर, नए बंदरगाह और नौवाहन प्रणाली, और

दुनिया में संभवतः सबसे सुरक्षित वित्तीय लेनदेन को सक्षम करने वाली डिजिटल रीढ़ जैसी पूँजी-प्रधान परियोजनाओं ने आर्थिक विकास को नए आयाम दिए।

बहुत समय तक भारत अपने पड़ोसी आक्रमणकारियों के प्रति रक्षात्मक रुख अपनाता रहा, जो खुलकर आतंकवादी गतिविधियाँ चला रहे थे। अपनी सुरक्षा व्यवस्था का आधुनिकीकरण करने के बाद, भारत ने अपनी नीति में एक बड़ा परिवर्तन किया, जो एडम स्मिथ के उस दर्शन के अनुरूप था जिसमें सरकार की भूमिका व्यापार और करों को प्रतिबंधित करने में नहीं, बल्कि आर्थिक गतिविधियों के लिए सुरक्षा प्रदान करने में निहित थी। अराजकता और अनिश्चितता के माहौल में कौन निवेश करना चाहेगा? भारतीय सरकार ने भारतीय दूरसंचार क्षेत्र को निष्पक्ष प्रतिस्पर्धा के लिए लगातार स्वतंत्र किया, जो आधुनिक समय के दुर्लभ उदाहरणों में से एक है। स्मिथ ने एकाधिकारवादी शक्तियों की तुलना सैन्य बलों से की थी, क्योंकि अंततः दोनों ही नियंत्रण और प्रभुत्व स्थापित करने के उद्देश्य से कार्य करते हैं। भारत ने वैश्विक वित्तीय संस्थानों के आर्थिक दबाव और कॉरपोरेट एकाधिकार को साहसपूर्वक सहन किया और उन्हें अपने नागरिकों के लाभ के लिए प्रतिस्पर्धा करने के लिए विवश किया।

> न केवल जनता के पूर्वाग्रह, बल्कि इससे भी अधिक अजेय, अनेक व्यक्तियों के निजी हित, इसका डटकर विरोध करते हैं। यदि सेना के अधिकारी उसी उत्साह और एकता के साथ बलों की संख्या में किसी भी कटौती का विरोध करते, जैसे कि प्रमुख निर्माता अपने घरेलू बाजार में प्रतिस्पर्धियों की संख्या बढ़ाने वाले प्रत्येक कानून के विरुद्ध खड़े होते हैं; यदि पहले वाले अपने सैनिकों को उसी प्रकार प्रेरित करते, जैसे कि बाद वाले अपने श्रमिकों को किसी भी ऐसे विनियमन के प्रस्तावकों पर हिंसक आक्रमण करने और आक्रोश व्यक्त करने के लिए भड़काते हैं, तो सेना की संख्या कम करने का प्रयास उतना ही खतरनाक हो जाता, जितना कि अब हमारे खिलाफ निर्माताओं द्वारा प्राप्त एकाधिकार को किसी भी रूप में कम करने का प्रयास हो गया है। (डब्ल्यूएन IV. २. ४३)

शायद २०२० के दशक में भारतीय अर्थव्यवस्था की सबसे महत्वपूर्ण उपलब्धि व्यापार में सुगमता का बहुप्रतीक्षित आगमन है। हाल के वर्षों में भारत ने व्यापार करने में सुगमता सुधारने की दिशा में महत्वपूर्ण प्रगति की है, जिसे विश्व बैंक की "ईज़ ऑफ डूइंग बिज़नेस" रिपोर्ट जैसे विभिन्न अंतर्राष्ट्रीय सूचकांकों द्वारा मान्यता प्राप्त हुई है। अब, व्यापार में सुगमता एक व्यापक शब्द है, जिसमें सरकार द्वारा किए गए अनेक उपाय सम्मिलित हैं, जैसे सुधार और विनियमन में ढील, बुनियादी ढांचे का विकास, कर प्रणाली का सरलीकरण, और वित्त तक आसान पहुंच। पूंजी आकर्षित करने के लिए अंततः एक ठोस राजनीतिक इच्छाशक्ति प्रदर्शित की गई, लेकिन वास्तविक परिवर्तन डिजिटल क्रांति के माध्यम से आया। सरकारी सेवाओं और प्रक्रियाओं के बढ़ते डिजिटलीकरण ने व्यवसायों के लिए पंजीकरण कराने, अनुमति प्राप्त करने, कर दाखिल करने और ऑनलाइन नियमों का पालन करने को अधिक सुगम बना दिया है। ई-गवर्नेंस प्लेटफार्मों और डिजिटल हस्ताक्षरों जैसी पहलों ने कागजी कार्यवाही को कम कर दिया है और कार्यक्षमता में सुधार किया है। भारत सरकार ने वास्तव में एडम स्मिथ के विचारों को अत्यंत निष्ठा और शुद्ध उद्देश्य के साथ साकार किया है।

किसी भी नए उत्पादन, किसी नए वाणिज्यिक शाखा, या कृषि में किसी नई पद्धति की स्थापना हमेशा एक प्रकार का अनुमान होता है, जिससे इसका प्रारंभ करने वाला असाधारण लाभ की अपेक्षा करता है। ये लाभ कभी-कभी बहुत अधिक होते हैं, और कभी-कभीअधिकतर मामलों में संभवतः इसके विपरीत होते हैं; लेकिन सामान्यतः इनका अनुपात आसपास के पुराने व्यवसायों के लाभों के समान नहीं होता। यदि यह योजना सफल होती है, तो प्रारंभ में लाभ आमतौर पर बहुत अधिक होते हैं। जब वह व्यापार या पद्धति पूरी तरह स्थापित और प्रसिद्ध हो जाती है, तो प्रतिस्पर्धा इन्हें अन्य व्यवसायों के स्तर पर ले आती है। (डब्ल्यूएन I. १०. I. २. ४३)

सरकार का एक मूलभूत कार्य पूंजी जुटाना है, उसे नकारना नहीं बल्कि उसे आकर्षित करके यह सुनिश्चित करना है कि पूंजीपति आपस में प्रतिस्पर्धा करें। आर्थिक उदारीकरण के बाद भी इसे साकार होने में कई दशक लग गए, लेकिन

अंततः यह संभव हुआ। अब लाखों लोग अपनी बचत का एक हिस्सा बैंक खातों से हटाकर पूंजी बाजार में निवेश करते हैं। यह भारत में एडम स्मिथ की विचारधारा का सत्यापन है। इसका वास्तविक लाभ आम आदमी की इक्विटी बाजार में भागीदारी के रूप में देखा जा सकता है, जहां वे शेयरधारक बनकर उद्यमियों और व्यापारियों को अपने व्यवसाय बढ़ाने में सहयोग देते हैं। भारतीयों ने हमेशा संपत्ति को एक देवी के रूप में माना है, जो जीवन के समस्त कष्टों को दूर करती है।[१] भारतीयों ने केवल समृद्ध होना ही नहीं सीखा, बल्कि नैतिक रूप से परिष्कृत होना भी सीख लिया है।

१ अभूति म समृद्धिं च सर्वां निर्णुद मे गृहात् (श्रीसूक्त ८ , ऋग्वेद ५, खिलसूक्तानि)

संक्षिप्त शब्द

ईएसजी, 153
पर्यावरण, सामाजिक, शासन
कॉर्पोरेट प्रशासन की अवधारणा
आईपीईएफ, 116
समृद्धि के लिए इंडो-पैसिफिक
आर्थिक ढांचा, एक अमेरिकी
आर्थिक पहल
एमडीजी
संयुक्त राष्ट्र के सहस्राब्दि विकास
लक्ष्य
मनरेगा, 85
भारत में महात्मा गांधी राष्ट्रीय ग्रामीण
रोजगार गारंटी अधिनियम
पीएमजेडीवाई, 100
भारत में प्रधानमंत्री जनधन योजना
आरसीईपी
एशिया-प्रशांत देशों के बीच क्षेत्रीय
व्यापक आर्थिक साझेदारी
टीबीएल
ट्रिपल बॉटम लाइन, टिकाऊ व्यापार
रणनीति

अंग्रेजी वर्णमाला क्रमानुसार

ए

बी

सी

डी

इ

एफ

जी

एच

आय

जे

के

एल

एम

एन

पी

यू

वी

डब्ल्यू

लेखक परिचय

अरुण तिवारी एक पूर्व मिसाइल वैज्ञानिक रहे हैं और उन्होंने डॉ. एपीजे अब्दुल कलाम के नेतृत्व में शालीनता से भारत की सुरक्षा और आत्मनिर्भरता की राह में तकनीकी के माध्यम से अत्यंत प्रभावशाली भूमिका निभाई। विज्ञान उनके लिए केवल प्रयोगशालाओं की वस्तु नहीं रही, बल्कि उन्होंने उसे जनकल्याण से जोड़ा। तीस से अधिक पुस्तकें लिखकर उन्होंने स्वयं को एक प्रतिष्ठित लेखक के रूप में स्थापित किया।

इसके साथ-साथ उन्होंने हैदराबाद विश्वविद्यालय के प्रबंधन अध्ययन संस्थान में एक दशक तक सहायक प्राध्यापक के रूप में अध्यापन किया। वहाँ उन्होंने न केवल विद्यार्थियों को पढ़ाया, बल्कि उन्हें यह भी सिखाया कि ज्ञान तभी पूर्ण होता है जब वह लोकमंगल से जुड़ जाए।

सुरेश एन पटेल, कृषि में स्नातक की शिक्षा प्राप्त कर एक ऐसे क्षेत्र में उतरे जहाँ उनके जैसे सादगीभरे व्यक्तित्व कम ही देखने को मिलते हैं — बैंकिंग। अपने अथक परिश्रम और नैतिक मूल्यों के कारण वे आंध्रा बैंक जैसे प्रमुख सार्वजनिक क्षेत्रीय बैंक के प्रबंध निदेशक एवं मुख्य कार्यकारी अधिकारी के पद तक पहुँचे।

उनकी कार्ययात्रा का शिखर रहा — भारत सरकार के केंद्रीय सतर्कता आयुक्त के रूप में उनकी नियुक्ति। यह एक ऐसा संवैधानिक दायित्व है जहाँ सत्यनिष्ठा और साहस की कसौटी हर क्षण ली जाती है, और श्री पटेल उस पर पूर्णतया खरे उतरे।

इन दोनों महानुभावों की मित्रता की जड़ें १९७० के दशक में गोविंद बल्लभ पंत कृषि एवं प्रौद्योगिक विश्वविद्यालय से जुड़ी हैं। यह मित्रता केवल सहपाठियों की नहीं, बल्कि समान दृष्टिकोण रखने वाले दो जीवन साधकों की रही है — जहाँ एक ने ज्ञान को लोक से जोड़ा और दूसरे ने नीति को शासन में उतारा। उनकी यह मित्रता और साझा दृष्टिकोण ही इस पुस्तक की आत्मा में प्राण फूंकते हैं, जहाँ नैतिकता केवल विषय नहीं, जीवन की दिशा बन जाती है।

सकाळ प्रकाशन की
अरुण तिवारी लिखित अन्य किताबें

- The Baton Should Not Fall
- Decoding the Pandemic
- India Wakes : Post Coronavirus New World Order
- Innovate Locally to Win Globally
- Live for a Legacy
- Uddhava Gita
- Discovery of Anugita
- Simple Spirituality : Recalling Kabir
- A Modern Interpretation of Tulsidas Ramcharitramanas
- A Modern Interpretation of Lokmanya Tilak's Gita Rahasya
- We are What We Eat
- Yoga Vasishtha

www.ingramcontent.com/pod-product-compliance
Lightning Source LLC
LaVergne TN
LVHW090345051026
849518LV00006B/2048